なぜ働く？
誰と働く？
いつまで働く？

限られた人生で後悔ない仕事をするための20の心得

Ariyama Toru
有山 徹

アスコム

1回くらい、本気を出して
自分について考えてみませんか?

☑やりたいことが見つからない
☑自分の強みがわからない
☑新しい仕事に挑戦するのが怖い
☑今の仕事に満足できていない
☑転職すべきかどうかわからない
☑自己肯定感が低い
☑仕事のモチベーションが上がらない

本書は、こんな悩みを抱える人が働く意味を見つけて、ありたい自分に一歩近づくための本です。

あなたが今このページを読んでいるということは、本のタイトルを見て、「ん？」と何か引っかかりを感じたのかもしれません。あるいは、「そう言われると、自分はどうかな」とちょっと考えたかもしれません。

そうだとしたら、**すでにあなたは悩みから抜け出すスタートラインに立っています。**

自分はこれからどうしていきたいのか。
自分はどうしたらもっと幸福に働いていけるのか。
答えが見つからないのは、あなたが答えを持っていないからではありません。

問いの立て方を少し変えるだけで、答えは見えてくるのです。

「何を」したいかばかり考えても、あまりうまくいきません。
同じことを一人でずっと考えていても、行き詰まってしまいます。

この本は、さまざまな問いと考え方のヒントで、あなたの思考をスルスルと広げていきます。

誰かとの何気ない会話で、ふいに悩みがパッと晴れたことはありませんか？
新鮮な問いは、新鮮なあなたを連れてきてくれます。

一人でぼんやりと思い悩むことと
問いを立てて考えることは、似ているようで違うのです。

✕
インフルエンサー？
起業？
経理？
営業？
人事？
サービス業？
スポーツ選手？
コンサル業？
クリエイター？
○
なぜ働く？
・家族に笑ってもらう？
・誰かの役に立ちたい？
・人に認められたい？
いつまで働く？
・いつまでニーズがある？
・定年後にできることは？
・早めにfireする？
誰と働く？
・自分を必要とする人は？
・成長させてくれる人は？
・価値を認めてくれる人は？

例えば本書では、次のページのような問いについて、あなたのことを言語化していきます。対応する番号の本文を読んでいただければ、これらの問いをどう考えればよいかのヒントが得られるはずです。

これらはほんの一例です。

読む人によってもっといろいろな気づきや、価値観の発見、考え方の変化があります。

読むだけでなく、読んでいるうちに頭と心が動く楽しさを感じてみてください。

この本で投げかけられるいろいろな問い

気になる質問、答えに悩む質問があったら、対応する番号の本文から読んでみてください

はじめに

自己分析って、あらためてやってみると意外と難しいですよね。

キャリア相談を受けているとよくわかります。自分の理想の人生や、自分にとってのやりがいを、うまく言葉にできない人は少なくありません。年齢に関係なく、今後の長い人生に悩む若い人もいれば、歳をとってから「これでいいのだろうか？」と悩む人もいて、本当にさまざまです。


でも、私と何度か話をしたり、コミュニティの中でいろんな人と話したりしているうちに、誰もが自分なりの答えを見つけていきます。

今までやってきた仕事が「やっぱりこれが自分の仕事だ」と思える人。

考えもしなかった仕事が「もしかして向いているのかも」と気づく人。

ずっと興味があったことに「挑戦してみたい」と背中を押される人。

迷っていたけれど「この仕事を自分はやっていく」と決意する人。

答えの見つけ方は人によって異なります。

ただ一つ全員に共通するのは、誰かに答えを教えてもらうのではなく、自分の中からどうしようもなく湧き上がってきていることです。

だからこそ、みんな実際に行動に移すことができているのだと思います。いくら人に「これをやったほうがいい」と言われても、自分が腑に落ちなければ行動は起こせません。

自己紹介が遅くなりましたが、私は一般社団法人プロティアン・キャリア協会の代表理事をしている、有山徹です。現代の働き方にマッチした自律型のキャリアである現代版プロティアン・キャリア理論を、これまでに約30万人、上場企業を含む200社以上に届けてきました。最近では、私の母校をはじめ、学生の皆さんに向けて話をさせていただく機会も増えています。

キャリアコンサルタントというと、転職ノウハウを教えてくれるとか、転職先を斡旋してくれるようなイメージを持たれている人もいるかもしれません。しかし、誤解を恐れずに言えば、コンサルの仕事とは筋のいい問いで相手の頭や心を動かすことです。

あなたにとっての正解は、あなたにしか決められません。

そして、あなたが出した答えは、誰がなんと言おうと正解です。

働く環境が大きく変化する中で、自分の仕事や働き方にぼんやりとした不安や疑問を抱える人がとても増えました。とりあえず働いているけれども、それが本当に自分にとってベストなのか、ふと思い悩んでしまうのです。

そんな人たちも、ちょっとした問いをきっかけに自己理解が深まることがきっとあるはずです。本という形でなら、より多くの人にそんなきっかけを掴んでいただくことができるのではないかと信じて、この本を書きました。

本書は、ああしなさい、こうしなさいとノウハウを提供するものではありません。その代わりに、いろいろな角度から問いを提供して、あなたの中から答えを引き出していきます。

一度、自分で答えを出す思考や習慣を身につければ、それは一生の武器になります。

ぜひ本書をきっかけに、後悔のない、幸福な人生を見つけてください。

目次

第3章

価値化～自分の武器を見つける～

第4章

行動～自分の可能性を広げる～

第5章 問い続けることで変化に適応する

第1章

なぜ「やりたいこと」に悩むのか

不満はないけど満足してない

将来への不安、現状に対する焦り、挑戦することへの怖さ、新しい自分への期待。いろんな思いが心の中でないまぜになって、「どうしよう」と立ち止まってしまうことが、今の私にも多くあります。そんな人生の岐路に立ったとき、誰でも「より良い選択をしたい」「後悔したくない」と思うものです。

ただ、**どうすることが自分にとってベストなのか、わからなくなってしまう**ことも少なくありません。

T村さんという人が「転職を考えている」というので、理由を聞いてみるとこんな答えが返ってきました。

「職場の人たちはみんないい人だし、お金に困っているわけでもないんです。**でも、**

すごく満足している感じでもなくて、もっといい仕事があるかもしれないって思っていて……」

Ｔ村さんは40代です。年齢的にも、手遅れになる前にと考えているようでした。

「そうなんですか。もう転職活動は始めているのですか？」

「いや……とりあえず転職サイトに登録したくらいです。**絶対にこれがやりたいというものはなくて。**今さら未経験で就ける仕事は少ないし、人より得意なこともないし。でも生活があるので、条件を見ながらいいところがあれば、という感じですね」

この話を聞いて、あなたはどう感じるでしょうか。

「40代にもなっていたら、何かやりたいことがあるはずだ」と感じますか？

それとも、「自分も同じかも……」と思ったでしょうか？

Ｔ村さんは、要するに**不満はないけど満足していない状態**です。これって、意外と思い当たる人も多いのではないでしょうか。

不満がないならいいじゃないか、というほど単純ではなくて、T村さんは今いる場所がベストではないのかも……と悩んでいます。**「不満がない」と「満足していない」という2つの心理は、案外、心の中に混在してしまうものなのです。**

もし、毎日残業ばかりで給料は激安、おまけに人間関係も最悪だったりしたら、とにかく転職しようとか、なんとか職場環境を改善しようとかするはずです。ところが、そこまで不満がないと、こんな考えが頭をよぎってしまいませんか。

「とりあえず今の生活を続けたほうがいいかも」

「次の職場が今より良いとは限らないな」

こうなると、**現状維持が一番無難に思えます。**転職に限らず、今の生活を変えるのには結構エネルギーがいりますよね。

一方で、こんな期待も捨てきれません。

「もっと自分に向いている仕事があるかも」

「転職したらもっと生活が豊かになるかも」

現状にとどまるのもモヤモヤ、先へ進むのもモヤモヤ。ベストな選択ってなんなの？　どうすることが自分にとってよりよい選択なのか、決めきれない状態です。

未来のことはやってみないとわからないのですが、ここで**多くの人は「やりたいことがない」「自分の強みがわからない」「行動を起こすだけのエネルギーがない」という問題の前に、立ちすくんでしまいます。**

「やりたいこと探し」に焦らなくてもいい

何かやりたいことはないんですか？　と問い詰められると、結構イヤな気持ちになるものです。**「ない」と言おうものなら、自分が何も考えずに人生を送っているようで、なんだか他人より劣っている気さえします。**

でも、安心してください。私の実感値でいえば、ほとんどの人が、明確にやりたいことなんて持っていないと思います。実際に、「やりたいことがないんです」と悩む人に、私はたくさん出会ってきました。私も以前は同じで、やりたいことを模索した30代後半がありましたし、40代の今も、50代に向けてやりたいことを探しています。未来のキャリアは、誰しもが不透明なものです。

ですから焦る必要はありません。**この悩みは、少し視点を変えることで確実に解消できます。**やりたい「こと」とか「何を」から、ちょっと離れてみるといいのです。と、言われてもよくわからないですよね。そんなに難しいことではないので、まず一つ、こんな人の例を紹介します。

S木さんは、勤め先の会社が経営統合され、以前より大きな組織で働くことになりました。組織が大きくなるとルールや制限も増えるもので、とても窮屈な働き方に変わってしまったといいます。たとえば、以前は自分の考えを役員に直接伝えることもできたのですが、統合後は、週報を介してのレポートラインを守らねばならなくなりました。

「自分の想いは上位マネジメントへの伝言ゲームの中で消え去り、上からは作業指示だけが降りてくる。**以前と比べたら、非常にストレスフルな環境でした**」

上司に相談しても「俺も納得していないが、やるしかない」と言われるだけ。**S木さんは、ストレスで体重が8キロも減ってしまったそうです。**

こういった組織の悩みは、よく聞きますよね。「上は現場がわかっていない」とか「自分は会社の歯車じゃない」とか。それが理由で会社を辞める人もいれば、「仕事とはそういうものだ」と受け止める人もいるでしょう。

しかしS木さんは、どちらとも違います。**社内の提案制度を使って、もっと上下のコミュニケーションが取りやすくなるように風土改革を試みました。**他の社員からも不満や意見を募り、現場の声として作り上げた提案資料は、見事にエントリー審査を通過。社長、人事役員への最終提案までこぎつけました。

残念ながら、すぐには具体的な制度の導入には至りませんでしたが、この提案をきっかけにS木さんは、DX推進室へ異動したそうです。**DXの導入と風土改革について、部署として提案・実行できるポジションを獲得したのです。**

S木さんの不満が、すっかり解消されたわけではありません。それでも、現状には満足感があるといいます。なぜでしょうか？

「自分にとっては、自ら道を切り開いていく行動そのものが満足なんです」

やりたいこと探しというと、つい「何を」するかとか「どこで」働くかに目がいって、「職業」や「転職先」を探してしまいます。

そこで、「なぜ」「誰と」「いつまで」というように、違った視点で考えてみるとどうでしょうか？

S木さんの場合は、道を切り開く**プロセスに満足を得ています。**抽象的ですが、

何のために、誰と、いつまで働くかを問いながら、
少しずつ道を決めていこう

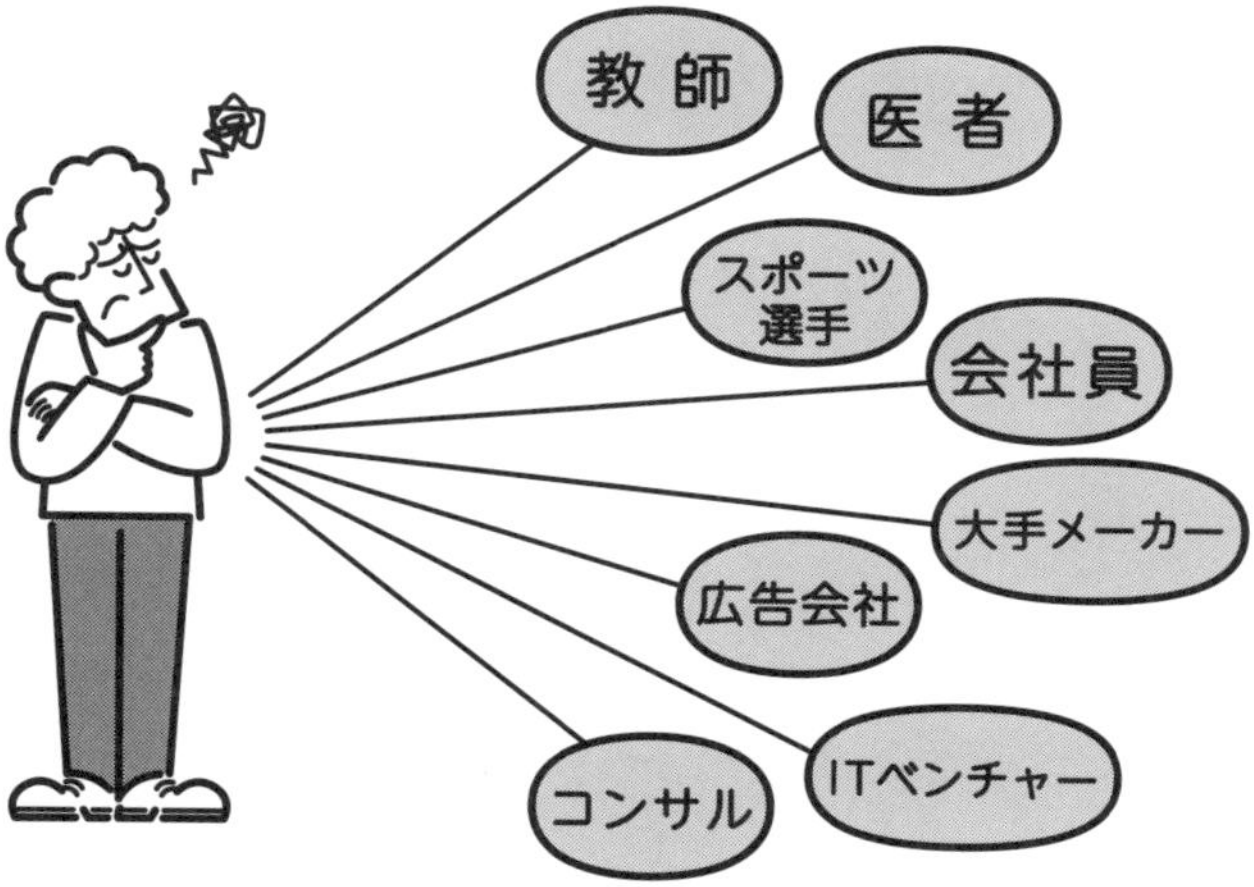

「何をする」「どこで働く」かを点で考えると悩んでしまう

「なんのために働くのか」という目的がはっきりしているわけです。具体的な職場や職業が何であっても、S木さんのこの軸はきっと変わらないでしょう。

私は、このS木さんのような状態を「人生の解像度が高い状態」であると考えます。

あなたの「不満の種」と「やる気の源」は何？

あなたは

「なぜ今日の仕事をしているのでしょうか？」

「誰と働くときに前向きになれるのでしょうか？」

「いつ、どんな未来に向かう途中にいるのでしょうか？」

なんとなく不満だ、なんとなく満足だではなく、もう少し明確になるように、解像度を高める練習をしてみましょう。

「不満がない」ことと「満足していない」ことは、まったく別のことだと研究した心理学者がいます。アメリカの臨床心理学者であるフレデリック・ハーズバーグです。

ハーズバーグはモチベーションの研究を行う中で、**人の仕事に対する欲求を、「衛生要因（不満足要因）」と「動機付け要因（満足要因）」の2つに整理しました。**それを「二要因理論」と呼んでいます。

なんだか難しそうに感じますが、**要するに「衛生要因」とは、仕事における「働きやすさ」を決めるもの**だと思ってください。たとえば十分な給与だとか、ストレスのない職場環境などですね。これらは「ないと不満」になります。

（がんばっているのに給与が少ない！　上司がパワハラ気質でストレス！）

もう一方の**「動機付け要因」は、「やる気」の源です。**どう評価されるか、どれだけ裁量があるか、成長の実感があるか、といったことだとされています。これらは「あると満足」できるものです。

（仕事は大変だけど学びがある！　給与は高くないけど自由にやれる！）

あなたの今の働き方には、「不満の種」と「やる気の源」、どちらがどれだけあるでしょうか。最近は、残業規制の法改正や初任給の改善等によって、働く環境（衛生要因）は大幅に改善されました。反面、成長欲求も体力もある20代に対し、働くことを〝セーブする〟ことで、「うちの会社はぬるすぎる」と会社を去る若手もいるようです。

よりよく生きるために私が特に注目してほしいのは、あなたの「やる気の源」です。**とりたてて不満のない環境で働いていると、働く意味や目的が見えなくなりがち**だからです。

毎日のように書類やメールの処理をしているのは、いったい何のためなのか。

自分を成長させてくれる上司や先輩、可能性を広げてくれる社内外の仲間など、誰と働くことを望んでいるのか。

限られた人生の中で、いつまで働いていたいのか。

不満の種がない

時間的な余裕や十分な給与がある快適な仕事

やる気の源がある

成長できる環境や認めてくれる上司がいる、やりがいのある仕事

こうした**「やる気の源」は、職業や会社によって決められてしまうものではない**と思います。逆にいえば、どんな職業や会社でも得られるもので、自分の人生の解像度を高めるほど、はっきり見えてくるものです。

ハーズバーグのいう2つの要因は、お互いに補完しあう関係ではありません。不満を解消しても、それで満足度が上がるわけではないということです。「不満はないけど満足していない」状態の人は、何が「やる気の源」なのかの解像度が低いのかもしれません。

人生の解像度を高めることが「心理的成功」を生む

「人生の解像度」というと少し格好をつけた言い方になりますが、要するに**「自分が今どんな状態で、どこへ向かいたいのか」**といった意味合いだと考えてください。

道に迷ったとき、ほとんどの人がまず、こう思います。

「ここどこ?」

現在地がわからないまま、うかつに動くのは怖いですよね。

解像度が高ければ、現在地も進みたい方向もクリアになり、次の一歩を踏み出すことができます。しかし、**目的地に着くことばかり考えても、解像度が低いままだとどちらを向いてどう足を出せばいいのかわかりません。**

もう少し具体的にいうと、3年後のありたい自分を、映画のワンシーンのようにイメージできるかということです。私でいうと、今はキャリアを支援する新サービスを開発しているのですが、信頼できる仲間とサービスを創り、多くの方に利用してもらって、利用者が主体的にキャリアに向き合い、組織と自身の可能性を拡げているイメージを描いています。そして新サービスで外部からの表彰も得るなど、経営者としてまた一つの壁を突破して、私自身も満足したうえで外部からの評価も獲得して、また一段階成長している姿まで思い描いて取り組んでいます。

しかし、意外なことですが、忙しく働いていると解像度が低くなってしまうものです。

そもそも私たちは、子どもの頃から「将来の夢は何?」「将来なりたい職業は何?」「どこの学校に入る?」「どの会社に入る?」というような、目的地ばかりを考えてきました。

大人になってからも変わらず、「夢を持ったほうがいいよ」「やりたいこととか、ないの?」などと問われ、心がザワザワしてしまう人もいるかもしれません。

でも、**本当に知りたいのは、目的地の前に「現在地」だと思います。**

人生をかけてやりたいことは、誰もが今すぐ決められるものではありません。

私も最初は食品メーカーに就職し、その後に何回か転職を重ねた末に、今の仕事をしています。いろんな失敗や挫折もありましたが、**40歳を過ぎてようやくこの仕事が「自分の仕事だ」と納得できるようになりました。**

それは、働く人の可能性を閉じている組織と個人の関係性、個人の意識をなんとか変えて、挑戦を応援する社会を作っていきたいというパーパスがあり、法政大学の田

人生の解像度が高い人は、
仕事のプロセスで
「心理的成功」を得られる

中研之輔先生との出会いがあり、人生の残り時間を意識したからです。

大事なのは、「夢」とか「やりたいこと」といったゴールだけに縛られることではなく、「自分の人生はこれでいいんだ」と納得できることではないでしょうか。

私が専門としている現代版プロティアン・キャリアでは、S木さんのように**自分で納得できる日々を過ごすことで得られる充足感を、「心理的成功」と呼んでいます。**

人生における「ゴール」にだけ価値を置くのではなく、そこに至るまでの「道のり」や、取り組んでいること自体に自分の人生の意義を見出していく、ということです。

たとえば、かつての私は高校球児で、いわゆる強豪校で頭を丸坊主にして甲子園を目指していました。残念ながら甲子園には行けませんでしたが、**思い返せば、当時の毎日は心理的成功にあふれていました。**練習はとても厳しかったのですが、野球が上手くなりたいという目的があり、チームの仲間と野球をやることが楽しく、期待してくれていた監督やコーチ、親、同級生と甲子園に行きたかった、そんな3年間にかける想いもありました。

自分が意味があると思っている目標（甲子園）の解像度が高く、そこに向けて毎日精一杯努力をしていたプロセス自体に満足度が高かったのだと思います。逆に**「なんでこんなつらい練習をやっているんだろう」と、甲子園を目指す理由が明確でなかったら、きっと途中で投げ出していたはずです。**

私は、仕事や人生も同じようにあってほしいと思っています。

やりたいことや夢を決めて一直線に叶えていける人も、もちろん素晴らしいと思います。でも、それができなかったら不幸だとか、失敗だとかいうわけではありません。子どもの頃の夢は、大半が叶わないのが現実です。

誰もが今、人生のプロセスを生きています。あなたはどんな過去を経て、どこへ向かおうとしているのでしょうか。**少しでも解像度を高めて、そのプロセスに焦点を当てて、「自分自身を幸せにするため」に生きていくのが、プロティアン・キャリアの掲げる人生観です。**

「自分を幸せにするのは自分しかいない」。この当たり前の事実から目を背けず、向き合う覚悟を持つこと。それが「心理的成功」に近づくための前提となります。

「心理的成功」については、本全体を通した大きなテーマなので、折に触れて説明していきます。

今、心理的成功を求める人が多いワケ

近年は特に、**自分なりの心理的成功を求める人が増えている**ように感じます。コロナ禍以降、プロティアン・キャリア協会に相談に来る企業も個人も多くなりました。それは、なぜでしょうか？　察しがついているかもしれませんが、**働き方の見直しがすごいスピードで進んだからです。**

副業を始めたり、移住をしたりする人の話題が、よく目につくようになりました。そうすると、**みんな会社や仕事に縛られなくなっている、自分の働き方を自分で決めようとしていると、少し焦る気持ちになりませんか？**

ここで一つ質問です。1分間だけ考えてみてください。

Q：あなたが明日から「自分らしく生きる」としたら、何をしますか？

お金の制限はなく、仕事も自由に選んで構いません。ただ一つの条件は、あなたがあなたらしくあること。あなたのパーソナリティは何も変わらず、急にアスリートのような肉体になったり、IQが200になったりはしません。

どうでしょう。意外と答えるのが難しくないですか？

選択肢が多いほど選べなくなるのが、人の心理です。
これは心理学的にも正しいようで、1995年に、コロンビア大学のシーナ・アイエンガー教授が、こんな実験をしています。
24種類のジャムが並ぶ試食コーナーと、6種類だけの試食コーナーで、どちらが多

く商品が売れるかを比較したそうです。

24種類のほうがたくさん売れそうですよね？　確かに24種類の試食コーナーには多くの人が集まりました。

ところが、ジャムの購入率に着目すると、様子が違ってきます。**6種類しか置いていないコーナーのほうが、10倍も多く売れたのです。**

これは「ジャムの法則」として知られています。選べるものが多くなりすぎると、「あっちのほうがよかったかも」と後悔する心理が働いて、選択すること自体をためらってしまうというのです。

選択肢が増えているのに逆に選びづらくなってしまっているので、「選択のパラドックス」とも呼ばれています。

どうでしょう？　自分に置き換えてみて、思い当たるような経験はありませんか？

今、私たちが生きている社会が、まさにこの「選択のパラドックス」状態です。生き方は24種類どころではありません。**SNSをのぞいてみれば、無数の他人の人生が**

目に入ります。

働き方一つとってみても多くの選択肢があります。

転職は当たり前。副業を認める会社もあり、いくつも仕事を掛け持ちするダブルワーク、トリプルワークの人たちも出てきました。会社員という身分を持たずに、フリーランスで働く人たちも増えています。起業を選択する人も少なくありません。

投資で稼いで、30代でFIREした人がいるらしい！　YouTuberとして、好きなように生きている人がいる！　田舎暮らしは最高だと言っている人がいた！

なんだかうらやましいように思いますよね。でも、他人がやっていることに目がいくほど、自分の現在地を見失いがちです。

さまざまなモデルケースを参考にできるのは、情報社会のいいところですが、目移りばかりしてしまう反作用があることも否めません。あれもいいな、これもいいなと、**他人の人生のいいところばかり目について、肝心の自分の人生に迷いが生じてし**

まうのです。

本当にこれでいいの？――定年世代の悩み

それに対して、〝昭和のサラリーマン〟が働き方に悩んだ、という話はあまり聞かない気がします。

高度経済成長期には「サラリーマンは気楽な稼業」と歌われ、バブルの頃には「24時間戦えますか？」とあおられながらも懸命に働いていました。「一億総中流時代」なんて言われたこともあります。

その理由は、選択肢が少なかったからです。いや、本当はたくさんあったのでしょう。しかし**まわりの人たちも同じように働いていたため、疑問を持つこともなく一生懸命になれたのです。**

そして、**がんばった分だけ、より良い人生が待っていると信じられました。**日本の経済は右肩上がりで、賃金テーブルのとおりに給料が上がり、実際に生活がよくなっていった人が多かったのです。

人と同じであることが、幸せの基準であったような時代です。上司や先輩、あるいは親の生き方が見本でした。そういう意味では現在地も目的地もわかりやすく、人生の解像度は高かったのではないかと思います。

「ジャムの法則」でいえば、ジャムは6種類しか置いていないし、その中の大人気商品を買っておけば間違いなかったのです。

当時の会社員はモーレツに忙しかったでしょうが、**懸命に働けばその先の幸せが見えていますから、心理的成功も得やすかったはずです。**

それに比べると、現代は心理的成功を得るのが難しくなりました。

とりわけ、昭和から令和を股にかけて生きてきた「昭和世代」の戸惑いは大きいようです。

私の運営するコミュニティには、さまざまな企業の人事担当者が集まる会もあるのですが、**大企業では社員の定年後の生き方が議論の一大テーマになっている**といいます。

実際に、プロティアン協会に所属している長谷川さんは、**定年前の58歳の頃、仕事帰りに映画『終わった人』を観て、定年後の人生に焦りを覚えた**そうです。

『終わった人』は内館牧子さんの小説を原作にした映画で、大手銀行の子会社で定年を迎えた主人公の男性が、第二のキャリアを築くために奮闘する姿を描いています。**仕事＝人生だった男の「定年って生前葬だな」とつぶやく姿がリアルで、長谷川さんも「自分のことだ」と感じて行動を始めた**そうです。

長谷川さんはとにかく、定年後に関連する本を読み漁りました。なぜなら、他の人がどうしているのかわからなかったからです。

今定年を迎えている人、またはこれから定年となる人たちは、若い頃はいわゆる昭和の価値観で懸命に働いてきました。「ジャパン・アズ・ナンバーワン」という時代を経験し、明るい将来を疑わずに生きてきたわけです。ところが、平成のバブル崩壊、失われた20年を経て、令和になって多様性の時代に放り込まれます。
自分が思い描いてきた老後とは異なる時代が訪れて、**「あなたは本当にそれでいいの？」と突きつけられているのです。**

70代のある男性は、「大谷選手のホームランくらいしか楽しみがない」とこぼします。とっくに子育ては終わったものの、我が子は晩婚化の流れの中で未だに未婚、もちろん孫はなし。家族との会話もめっきり減って、本音を話せる相手もいないことに気づきます。**あんなに嫌だった対面での接客商売が「案外、やりがいだったのかもしれない」と振り返ることもある**そうです。

もちろん、それまで蓄えた資産をもとに悠々自適に暮らしている人たちや、定年を機に新たな楽しみを見つけた人もいますが、特に趣味などもなく、時間を持て余している人も多いといいます。

だからこそ今必要なのは、キャリアを人生そのものと捉えて、人生の解像度を少し

でも高めることです。そのときの環境に応じて、小さな目標でもかまいません。それが自分にとって意味あるものだと思えることが、何より重要です。そして、そこに向かうプロセスで得られる幸福感＝「心理的成功」の感覚を、身に付けていきましょう。それが、他の誰かに与えてもらう幸福ではなく、自分で自分を幸せにしていくことにつながるのです。

先に紹介した長谷川さんも、自分が「終わった人」になるかもしれないと危機感を抱いたときには、特にやりたいことも、やるべきこともありませんでした。しかし、「定年本」を読み漁る中でキャリアコンサルタントという存在を知り、自分も資格を取ろうと決め、そこから勉強仲間と知り合い、私とも出会うことになりました。長谷川さんはこう振り返っています。

「戦略的に人脈を作ってきたわけではありません。でも、**出会った人たちとの関わりの中で思いもよらない学びがあったり、新しいコミュニティに参加する機会があったり、自分も成長している気がします。**まだ他人のキャリアにどれほど影響を与えられているかはわかりませんが、少しずつ支援できている実感はあります」

人生１００年時代に一本道はない

定年世代の悩みは、今の30代、40代の人にとっても無関係ではありません。**あなたが60歳、70歳になる頃に、世の中はどうなっているでしょうか。**生きている環境も、社会情勢も変わっていくはずです。

ここ最近のＡＩの急激な進歩には、驚かされてばかりです。計算やテキストの作成などはすぐにＡＩ化するだろうと想像できましたが、こんなに早く、アートやクリエイティブの世界にまで浸透してくるとは思いませんでした。ＡＩに代替される仕事の領域は、どんどん広がっていくでしょう。

だからこそ、**何をするかよりも、「何のため」「誰と」「いつまで」働くかが大事になっていくと思います。**この解像度が高ければ、何が仕事であろうと心理的成功は得られるからです。

どれだけ変わらないでいようとしても、否応なしに、変化を求められていくことが当たり前の世の中になりました。

『種の起源』で進化論を説いたチャールズ・ダーウィンは、「もっとも強い者が生き残るのではなく、もっとも賢い者が生き残るのでもない。**唯一生き残るのは、変化する者である**」と語っています。

わが日本でも、『平家物語』の冒頭で、

「祇園精舎の鐘の声、諸行無常の響きあり。

沙羅双樹の花の色、盛者必衰の理をあらわす。奢れる人も久しからず、ただ春の夜の夢のごとし。猛き者も遂にはほろびぬ、ただひとえに風の前の塵におなじ」

と謳われています。

「諸行無常」とは、この世のすべてのものは、絶えず変化しているものだということ

平均寿命の推移

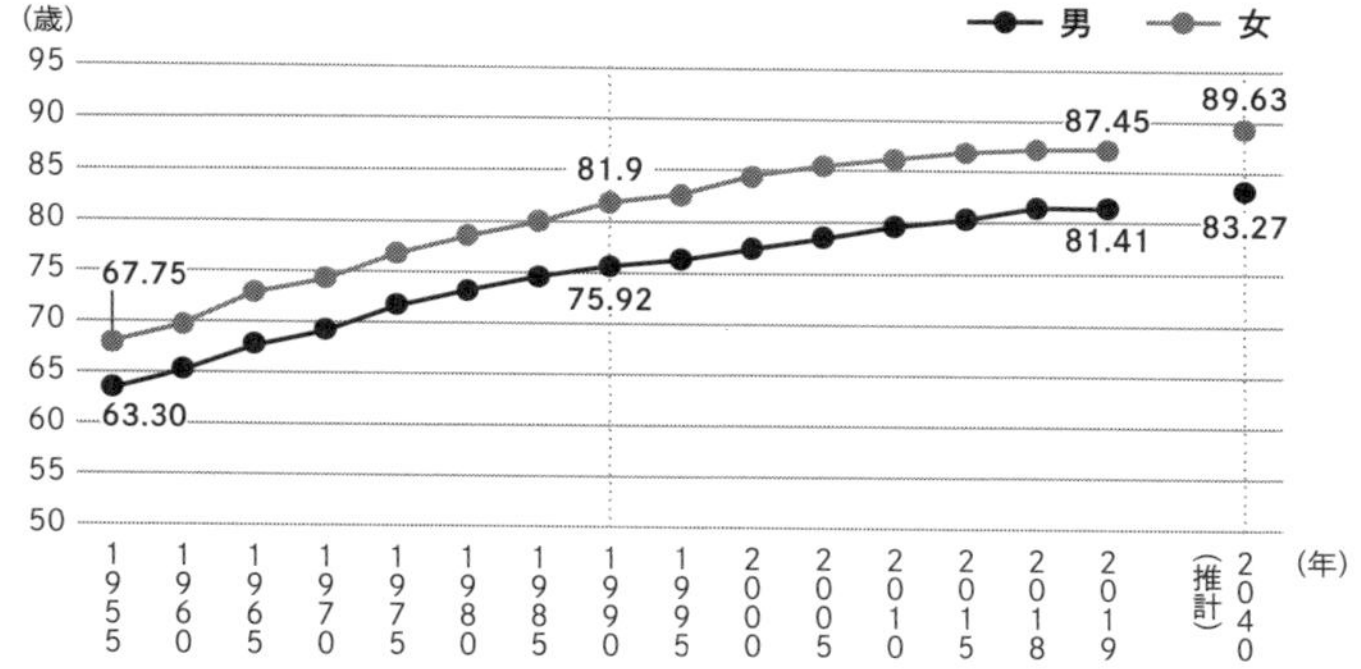

資料：2019年までは厚生労働省政策統括官付参事官付人口動態・保険社会統計室「令和元年簡易生命表」、2040年は国立社会保障・人口問題研究所「日本の将来推計人口（平成29年推計）」による出生中位・死亡中位推計。

です。

物語では、栄華を極めた平家が没落していくさまが描かれています。**常に変化していく世の中において、それに合わせて自らを変えて行けなければいつかは滅んでしまうということは、歴史が証明している**わけです。

人生の節目などで多様な生き方を選択していくことを、最近では「ライフシフト」と呼んでいます。

これは、ロンドン・ビジネススクールの経営学教授リンダ・グラットンと経済学教授アンドリュー・スコットが著書『LIF

E SHIFT』（東洋経済新報社）で提唱している概念です。

「人生100年時代」と叫ばれて久しいですが、確かに平均寿命は年々延びていて、今後も長くなると予測されています（令和2年度版厚生労働白書より）。

『LIFE SHIFT』を未読の人もいると思うので、ここで少しだけ要点に触れておきましょう。

著者リンダ・グラットン教授は、こう質問を投げかけています。

「100歳になったあなたは、今のあなたをどう見るでしょうか。

あなたが下そうとしている決断は、未来の自分の、厳しい評価に耐えられるでしょうか」

ライフシフトの考え方では、平均寿命が70〜80歳の時代には、学生として勉強するのが20歳くらいまで、そこから働き始めて60歳（or 65歳）で定年退職、平均寿命の80

歳くらいまでを老後として過ごしていく。

「勉強20年→仕事40年→老後20年」の3ステージを考えればよかったわけです。

しかし、１００歳まで生きるとなると、この3ステージ制では不都合が出てきてしまいます。

定年してから１００歳まで、40年を老後として過ごすには莫大な蓄えが必要になります。かといって、80歳まで若い頃と同じように働くのは容易ではありません。

新たなステージを作るのか、高齢になってからも続けられる仕事を見つけるのか、ここからの生き方があなたの人生を決めていく、といっても過言ではないことを理解いただけたかと思います。

後悔なく働いていくための3つのポイント

では、これから心理的成功にあふれた後悔のない人生を歩んでいくには、どんなことが必要なのでしょうか？

なぜ働くのか、誰と働くのか、いつまで働くのか、といったことを急に考えようとしても、かんたんにはいかないと思います。

そこでこの本では、**「言語化」と「価値化」と「行動」という3つのポイントから、あなたの解像度をぐんぐん高めていきます。**それぞれの章で詳しく説明するので、ここではかんたんに解説しておきます。

「言語化」とは、あなたの価値観や考え方をはっきりさせることです。自分のことは、実は自分が一番わかっていなかったりするものです。なんとなく頭の中で思っていたことを言葉にすると、ワクワクする気づきがたくさんあります。

「価値化」とは、あなたの過去の経験や知識に価値を見出すことです。自分には何の強みもない、自信もないと悩む人は少なくありません。でも、実は視点の当て方次第であなたの価値は浮かび上がってくるものなのです。

「行動」とは、なかなか行動できない人のための、一歩を踏み出すヒントです。つい行動を躊躇してしまう人の心理的なバリヤーを、少しずつ取り払っていきます。行動は、人とのつながりを増やしていきます。多くのつながりの中に、「この人と仕事がしたい」と思える出会いが潜んでいます。誰と働くかは、実は心理的成功へ近づく大きなきっかけとなります。

これらに取り組んでいくうえで結果ではなく、大切なのは、**「プロセスの意味づけ」**です。

結果だけにこだわると、成果に結びつかなかったことを「意味のないこと」という評価にしてしまいます。しかし、**結果の出なかったことでも、間違いなくあなたの解像度を高める意味があるのです。**

「意味のないこと」をくり返すのはしんどいですよね。ちょっと古くて、あまりいい例ではないのですが、太平洋戦争後の旧ソ連シベリアの抑留で行われた、もっとも厳しい拷問というものを紹介しましょう。

それは、抑留者たちに1日中スコップで穴を掘らせ、次の日にはその穴を埋めさせる。これを何日もくり返させると、どんな屈強な者も音を上げ、中には精神的に病んでしまう人も出るというものです。

目的のない作業のくり返しほど、人を疲弊させるものはないということですね。

仮に目的があったとしても、なかなか成果が出ないと、やっていることを無意味に感じてしまい、モチベーションが下がってしまいます。

結果を求めすぎるのではなく、プロセスを大事にしていくことが重要なのです。

もう少し違った側面で見ると、試したことがすべて自分の経験になったと考えることもできます。そのときは無駄だったなと感じられたことも、将来何かの役に立つかもしれません。スティーブ・ジョブズの「コネクティング・ザ・ドッツ」という考え方も有名です。ジョブズは学生のころ、文字を美しく書くカリグラフィーに興味を持って授業を受けていましたが、それが将来において何の役に立つかはよくわからなかったそうです。しかし後に、パソコンを開発するなかでモニターに映る文字の美しさの重要性に気づいたとき、過去のカリグラフィーの授業と現在が「点（ドット）と点でつながった」といいます。貯められるものを貯めておく、くらいの心持ちでいるのがいいかもしれません。

第2章

言語化
～自分のストーリーを語る～

1

「解放の窓」を開けるとあなたの知らない自分が見つかる

あなたは何者ですか？

「あなたはどんな人ですか？」

普段生活していてこんなことを聞かれる機会はないかもしれませんが、いざ質問されると、なかなか返答が難しいものです。

就職活動の自己ＰＲで苦戦した人や会社の歓迎会などで、うまく自己紹介できなかった経験がある人も多いのではないでしょうか。

私のコミュニティにいるＮ村さんはあるとき、実際に「あなたは何者？」と尋ねられて戸惑ったといいます。

もちろん、見ず知らずの人にいきなり問い詰められたわけではありません。キャリアコンサルタントをしている知人と食事をした際に、キャリア相談の一環で聞かれたわけです。

その趣旨は、**「あなたは自分がどういう人間なのか他人に伝えられますか？」**ということで、矢継ぎ早に「何が得意か」「何が好きか」と角度を変えて質問が投げかけられるものの、どれもうまく答えられずにすっかり参ってしまったそうです。

そこでN村さんは、自分の言語化を始めました。「自己発信しよう」と決めて、それ以来毎日（！）ｎｏｔｅに記事を投稿。社内ではアンガーマネジメントのセミナーを主催して、自ら講演。オンラインミーティングで出会った人には、片っ端からＦａｃｅｂｏｏｋで友達申請。「会いに行く人リスト」を作って、出張などで近くに行く際には面会の約束を取り付けるようにしました。**そうして、自分を積極的に開示していくようになったのです。**

N村さんは、自身の変化をこう振り返っています。

「犬も歩けば棒に当たる。棒に当たってケガをすることもありますが、新しい世界が広がったのは間違いありません。**新しい人脈ができて、新しい学びの場を得て、ただ**

就職活動に対する悩み（190件／複数回答）

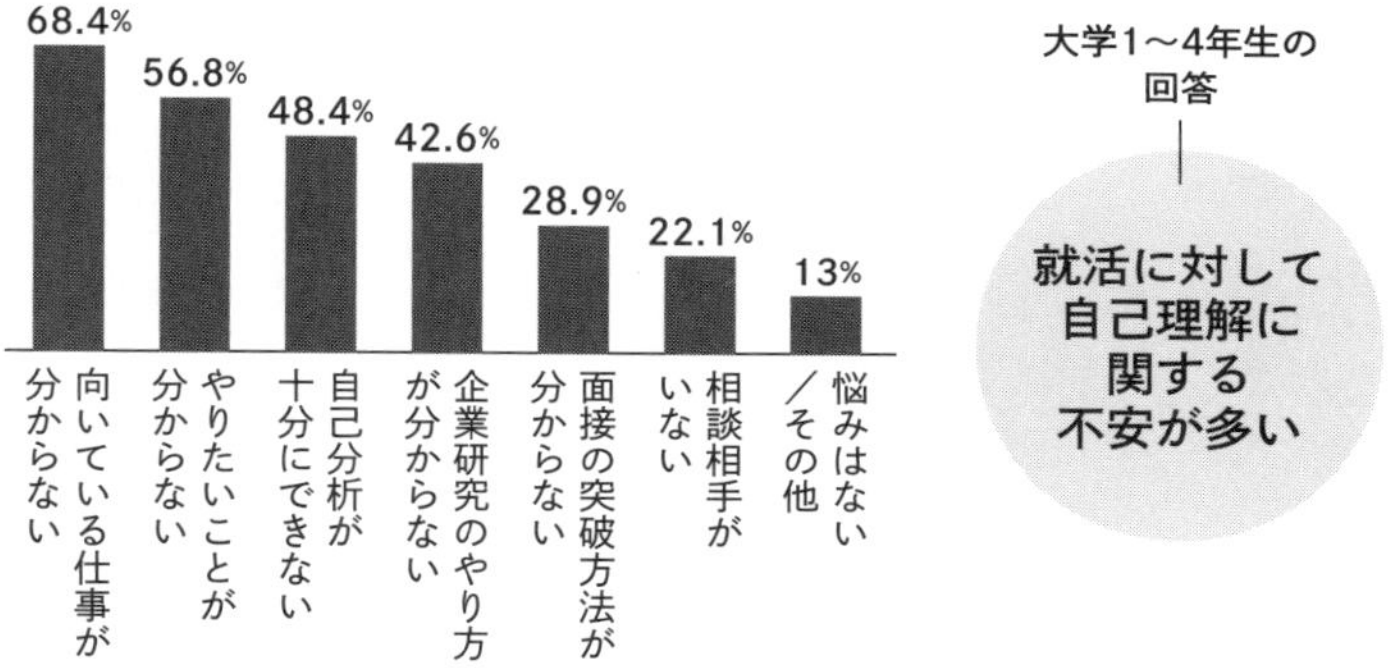

資料：ポジウィル株式会社調べ　調査対象者：法政大学キャリアデザイン学部 ライフキャリア論を受講した大学生190名、「POSIWILL CAREER」無料カウンセリング受講者141名

の会社員でしかなかった以前の自分と比べると、生活が一変しました。いわゆるサードプレイスは、音楽など趣味でつながるだけのものだと思い込んでいたのですが、思いがけないサードプレイスができて充実しています」

N村さんが充実した日々を送れているのは、「あなたは何者？」という問いにうまく答えられなかったことがきっかけです。

案外、人は自分のことをよく知らないか、知っていても言葉にできないものではないでしょうか。

キャリア支援を行うポジウィル株式会社

が2021年に発表した調査でも、**「就活に対して自己理解に関する不安が多い」**という結果が出ていました。

歳を重ねれば、おおよそ自分の性格や性質がわかってきますが、それでもなおN村さんのように自分をうまく説明できないのです。

さて、あなたは「何者ですか？」と聞かれたとき、適切な言葉を持ちあわせているでしょうか。

自分のことをよく知らないのは普通のこと

自分自身の言語化は、誰にでもできる自己理解の強力な一歩です。**自分についてなんとなく思っていることを言葉にするだけで、思いがけない発見が得られます。**

自分の言語化がうまくいかない人によくあるのは、「誤解されたくない」という気持ちです。「醤油ラーメンが好きだ」と言うのなら本当に醤油ラーメンだけが好きでないといけない、と思い込んでしまうのです。すると「いや、味噌も好きだし、塩ラーメンも嫌いじゃないかも……」と考えてしまって、結局、自分のことがよくわからない状態になってしまいます。当たり前ですが、すべての種類のラーメンを食べ尽くしたわけではなく、以前に食べた醤油ラーメンが美味しかったから、好きだと思ったわけです。過去経験からでしか、自分の好きや得意は明確にできません。

ですから、**言語化は「自己理解のプロセス」だと考えてください。**「醤油ラーメンが好きだ」とまず言葉にしてしまいましょう。そこから、自己理解が始まって、次第に深まっていくはずです。

もしかして他の味のほうが好みかもしれないと思ったら、次は食べ比べて確かめればいいのです。そして今度は、どの味がなぜ好きなのかをまた言葉にする。実は味噌ラーメンが好きだったなら、そう言えばいい。そうすると、なんとなく「醤油が好き」だった状態から、もっと明確な「醤油より味噌が好き」に変わります。**あなたを語るストーリーができるのです。**

そもそも、**自分のことをすべて自分でわかっている、というのが大きな勘違いです。**

「ジョハリの窓」をご存知でしょうか。

サンフランシスコ州立大学の心理学者ジョセフ・ルフトとハリ・インガムが発表した、「対人関係における気づきのグラフモデル」です。

ここには４つの窓があります。

「開放の窓」　自分も他人も知っている「あなた」
「秘密の窓」　自分は知っているが、他人は気づいていない「あなた」
「盲点の窓」　自分は気づいていないが、他人は知っている「あなた」
「未知の窓」　まだ誰も知られていない「あなた」

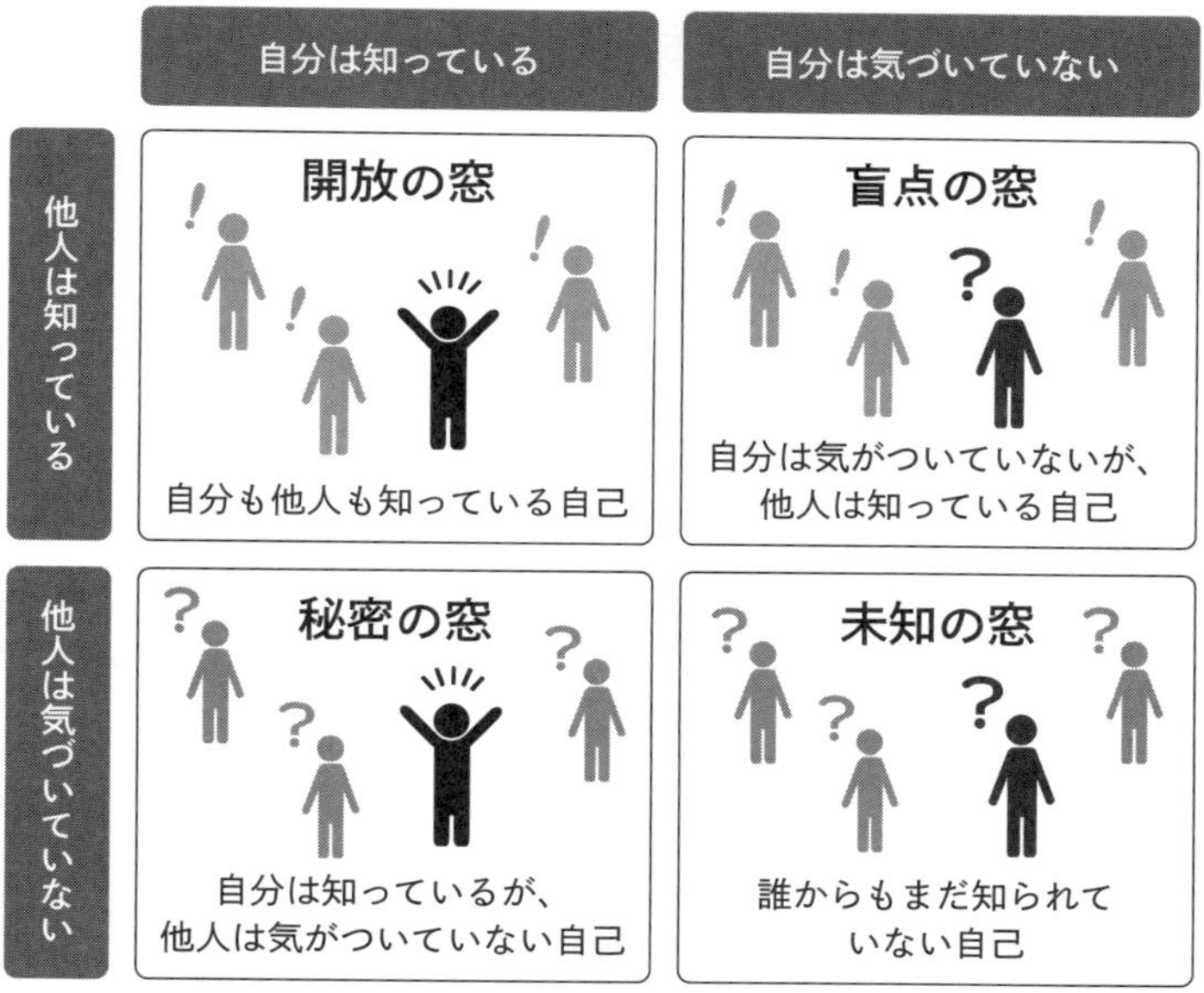

「開放の窓」は、自分も他人も知っているあなたですから、誰もが納得している「あなた像」といえます。

「秘密の窓」は、あなたがまだ誰にも明かしていない目標や気持ちなどで、本人以外の誰も知り得ないあなたです。

逆に**「盲点の窓」は、まわりの人たちが抱いているあなたのイメージですが、当の本人はそれに気づいていないという状態**です。あなた自身は自分のことを几帳面だと思っていても、まわりからは「意外とズボラな人」なんて思われているパターンですね。

最後に**「盲点の窓」は、本人もまわりも気づいていないあなたのこと**で、いわゆる「隠れた才能」や「思いがけない適正」などのことです。

自分が知っている自分とは、「開放の窓」と「秘密の窓」だけで、「盲点の窓」と「未知の窓」については、本人でも知らない「自分」ということになります。

新しい自分を見つけるコツ

ここで**大切なのは、開放の窓をどんどん広げて、秘密の窓を小さくしていくことです。**あなただけが知っていることを他人に開放していく、つまり自己開示ですね。

自分のことを晒け出すのはちょっと嫌だなと、抵抗がある人もいるでしょう。もちろん全部を開示しなくてもいいのですが、知ってもらうメリットもあることに目を向けてみてください。

なぜ「開放の窓」を大きくしなければならないかというと、**より多くの人にあなたのことを知ってもらうことが、キャリアの可能性を拡げるからです。**

あなたのまわりで「○○ならAさんに聞け」といわれるような人はいませんか？

「スイーツなら佐々木さんが詳しいから、手土産におすすめのお菓子を紹介してもらおう」

「小川さんは北海道出身だから、今度の旅行で行くべき名所を教えてもらおう」

「海釣りが趣味な杉山さんなら、この時期の旬で美味しい魚を知っているだろう」

というように、「○○については詳しいAさん」に聞こうとなることがありますよね。

仕事についても、同じような心理が働きます。

「エクセルが得意な後藤さんに、この集計を任せよう」

「『地方に行く仕事が楽しい』って言っていたから、この出張は遠山さんに行ってもらおう」

「人と人とを調整するのが苦にならない永瀬くんを、プロジェクトリーダーに任命しよう」

実際の仕事も、こんなふうに決められることがあるのではないでしょうか。

これらの例はすべて、その人の特性を活かそうという合理的な判断からなされています。そして**重要なことは、その特性が多くの人に認知されているという点です。**

後藤さんがエクセルを得意としていることをみんながわかっているからこそ、任せるという判断に納得してもらえるわけです。

つまり、**自分が得意としていることを公開していることが、それを活かすチャンスを引き寄せている**のです。

旅先やちょっとした出先で○○に関係するものを見つけると、思わず、常日頃「私

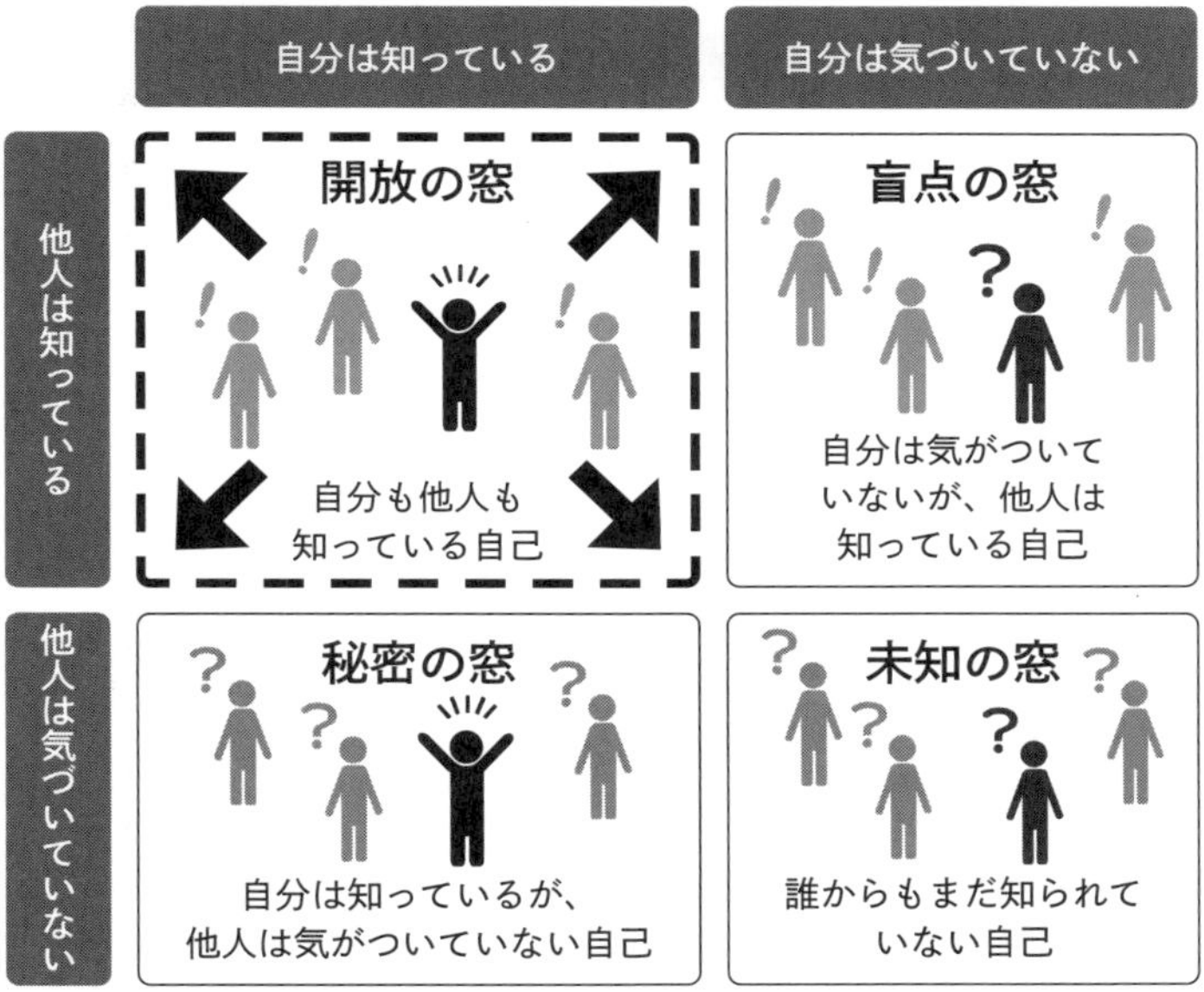

は○○が好き！」と公言している人に、買っていってあげたくなるということもありませんか？

東京五輪２０２０ボクシング女子フェザー級で金メダルに輝いた入江聖奈さんは、カエル好きで知られていました。それはニュースなどで何度も取り上げられ、本人もことあるごとにいかにカエルが好きかを熱弁していました。すると、**彼女のもとにはカエルグッズがどんどん集**

まってきたそうです。

入江さんは大学卒業と同時にボクシングを引退し、現在は大好きなカエルの研究者の道を歩んでいるといいますから、好きなことをやりたいことに結びつけた、見事なライフシフトといえるかもしれません。

さらに昔の話になってしまいますが、薄型テレビのパネル形式が液晶とプラズマで覇権を争っている頃、**シャープはいち早く「液晶はシャープ」というキャッチフレーズを使い出しました。**

勝敗は液晶に軍配があがり、プラズマを採用していたメーカーも液晶を使って薄型テレビを生産し始めます。

しかし、**「液晶はシャープ」と言い切られてしまっては、それ以上のキャッチコピーを作れなかったと、あるメーカーの担当者が悔やんでいたそうです。**

残念ながらシャープ自体は液晶パネルの生産を終了してしまいましたが、当時は一人勝ちを収めていたのです。

人々への認知がいかに重要かという一例です。
自分もみんなも知っている自分＝「開放の窓」を大きくしていくことで、チャンスが向こうからやってきてくれる確率が上がっていきます。

ポイント

怖がらずに自分のキャラクターを開示していきましょう。
思わぬ人や仕事との出会い、意外な自己の発見につながります。

2

「自分定年」を自分で決める

1年後のあなたは、今日のあなたを振り返ってどう思うだろうか

このテキストを書いているのは、ちょうど2024年の夏に差し掛かろうという6月の終わりです。

1年で夏は1回きり。学生の頃の夏は、甲子園を目指して野球に打ち込んでいました。あの頃と同じ夏は二度とないだろうし、今年と同じ本を書く夏も、(たぶん)もうないでしょう。

はたして私にはあと何回、夏が来るだろうかと考えてみました。

仮に90歳まで生きるとして、あと45回くらいです。

元気に動き回れるうちに、と限定すると残り35回、もしくは25回かもしれません。子どもと遊べる夏をと考えると、もっと少なくなります。

そんなふうに考えたら、「あれ？　意外と少ない！」と少し焦りました。

それなのに実際は、**いつのまにか「今年も夏が終わってしまった」とちょっと後悔することが少なくありません。**

毎日仕事をしていると1か月なんて、あっという間に過ぎていきます。45回あったはずの夏が、もう44回にカウントダウンです。

限りある人生の大切さは、誰もがなんとなくわかっています。でも、**本当に死に直面しない限り、自分の人生に限りがあることを、腹の底からリアリティを持って感じるのは、難しいですよね。**

今日と同じように明日がやってくるし、今週と同じように来週は始まるし、今年と同じように来年も生きる。つい、そう思ってしまいます。

そこで「思い切り夏を楽しめるのは、人生であと20回かも」と考えると、少しだけ、人生の輪郭がくっきりとしてきます。

満開の桜を見られるのも20回、クリスマスにケーキを食べるのも、年末に見る歌番組も、20回です。いやもしかすると、それよりもっと少ないのかもしれません。**明日人生が終わってしまう可能性も、ゼロではないのです。**

親と離れて暮らしている方ならば、「親と会えるのも、あと何回だろう」と考える方もいます。

それなのに、日々親とのコミュニケーションを大切にしているかというと、案外そうでもなく毎日が過ぎているものです。

いつまで働きたい？　働きたくない？

仕事も同じです。

いつまで働けるか、という視点で考えてみることは少ないと思います。むしろ、「いつまで働かなきゃいけないんだ」と、うんざりしている人のほうが多いかもしれません。

いずれにしても「いつまで」という区切りは、具体的には意識していないはずです。

働ける期間はあと20年、あるいは10年、もしかしたら数年かもしれません。転職するチャンスは何回もないでしょう。その中で情熱を燃やせるような仕事をする機会は、もっと少ないはずです。

このまま仕事を続けていいのかと迷いながら、気がつくと何枚もカレンダーをめくって、年明けに誓った「今年こそは」が、年の瀬には「来年こそは」に変わっていたりします。

思い当たる節があるなら、たとえばこう考えてみてください。

もしも、あと10年しか働けないのだとしたら、明日からも同じように過ごしていくだろうか？

私は〝自分定年〟という言い方をしていますが、**自分で区切りを作ってみると、人**

生の解像度が上がっていきます。50歳でリタイアするとか、75歳までは働こうとか、何歳でもいいのですが、とにかく自分なりに定年を決めれば、心も頭も体も動き始めます。

「今から1年後、あなたは今日から始めていれば良かったと望んでいるだろう」

１９７０年代に活躍したアメリカの女優、カレン・ラムの言葉だそうです。『トム・ソーヤーの冒険』を書いた小説家のマーク・トウェインも、近い意味合いでこんなことを言っています。

「20年後、あなたはやったことよりもやらなかったことを後悔する」

さらにスティーブ・ジョブズは２００５年に米スタンフォード大学の卒業式で行った有名な演説でこう言いました。

「私は毎朝、鏡の中の自分に向かって、**『今日が人生最後の日だったとしたら、今日の予定をやりたいと思うだろうか』**と問いかける。『ノー』の日が続いたら、何かを変えなければいけない」

私たちは普段、直感よりも論理で答えを求められる場面が多く、さまざまな情報に振り回されては、人生の本質からどんどん離れてしまっているのかもしれません。

結局、どんなに頭で考えるよりも、心で感じるほうが自分を動かすパワーになるのです。

自分定年を決めてみよう

ここまでを読んで、少しだけ、心がキュッと締め付けられた人がいるかもしれません。

「すでに後悔ばかりだ」
「もっと違う人生があったかもしれない」

アメリカのベストセラー作家であるダニエル・ピンクは『THE POWER OF REGRET 振り返るからこそ、前に進める』（かんき出版）の執筆にあたり、1万6000人もの〝後悔〟の体験談を調査したそうです。そして、やった結果に対する後悔より、やらなかったことへの後悔のほうが、より強いことがわかったといいます。

仮にそれが事実だとしても、未来をあきらめる必要はありません。むしろ、**この本のベースになっているプロティアン・キャリア理論は、あなたの過去に意味を見出し、これから後悔なく生きていくためのものです。**

少しだけでも何かを変えたい。より良い人生に向かっていきたい。だけれど、何をすればいいのかわからない。

もしあなたが今、そんなモヤモヤを抱えているのなら、ぜひ「自分定年」を設定してみてください。

以前は定年というと会社が決めるものでしたが、今は何歳まで働くかなんて本当に人それぞれです。

70歳までは働くという人もいれば、80歳を過ぎてもがんばりたい人もいるし、逆に60歳までにリタイアしたい人だっているでしょう。

あなたは、何歳まで働いていたいでしょうか?

自分定年を決めると、自分の進むべき方向が定まってくる効果もあります。

今はやりたいことが特にない人でも、たとえば75歳まで仕事をしていたいと決めたら、「その歳になったときにどんな仕事ならできそうか」という視点が生まれます。

今ほど体力はないし、会社員でもない。そうなれば、高齢でもできるアルバイトなどを探すか、個人でできる仕事を受けるという選択肢も出てくるでしょう。では個人で仕事を受けるには、残された時間で何をしないといけないのか。そんなふうにして、あなたの進む方向が見えてくるはずです。

ポイント

誰しも人生には限りがありますが、なんとなく過ぎ去ってしまいがちです。いつまで働きたいのか、あるいは働きたくないのか、自分で決めてみましょう。

3

欲を素直に言葉にする

人生の踊り場を迎える40代

「不惑」といわれる40歳を過ぎて、なんのために働いているのか、これからどう生きていけばいいのか迷ってしまう人はたくさんいます。

若い人からすると「なんで？」と思うかもしれませんが、実は不思議なことでもなんでもありません。

心理学者カール・G・ユングは、40代を「人生の正午」といっています。人生を1日の流れにたとえて、40代はちょうど「お昼どき」だというのです（寿命が延びた現代では50代がお昼どきともいえます）。

なんだか明るくて、最高の時間帯なイメージがあります。しかし、ユングの指摘はそんな呑気なものではありません。

これからどんどん陽が落ちていく！　つまり、**40代こそが人生の折り返しであり、**

後半生をどのように生きていこうか考えるタイミングだともいえるわけですね。

ちょうどランチをしながら、午後の仕事の段取りを考えるようなものでしょうか。

同じ心理学者の**エドガー・H・シャインは、40歳前後は「無気力感にとらわれる時期」であると指摘しています。**仕事を始めたばかりの20代や、責任感や成長を感じられる30代を終え、キャリアの行く先が見え始めるのが40代です。

企業に勤めていれば出世競争の大勢も決まりつつあり、おぼろげながらも自分の会社員人生の終着点を意識させられる頃合いです。

ちょっと意地悪な言い方をすると、**出世や昇級の限界とか天井が嫌でもわかってしまう**、ということです。

このまま会社の敷いたレールを受け入れるのか。自分でハンドルを切って違うルートに踏み出すのか。そもそも40代にもなって違う選択肢があるのか。さあ、どうする？　そんな悩みが出てくるのは自然なことでしょう。

図1：年代別「成長を重視する人」の割合（正社員、2017年）

「とても重要だ」「重要だ」「やや重要だ」選択率合計

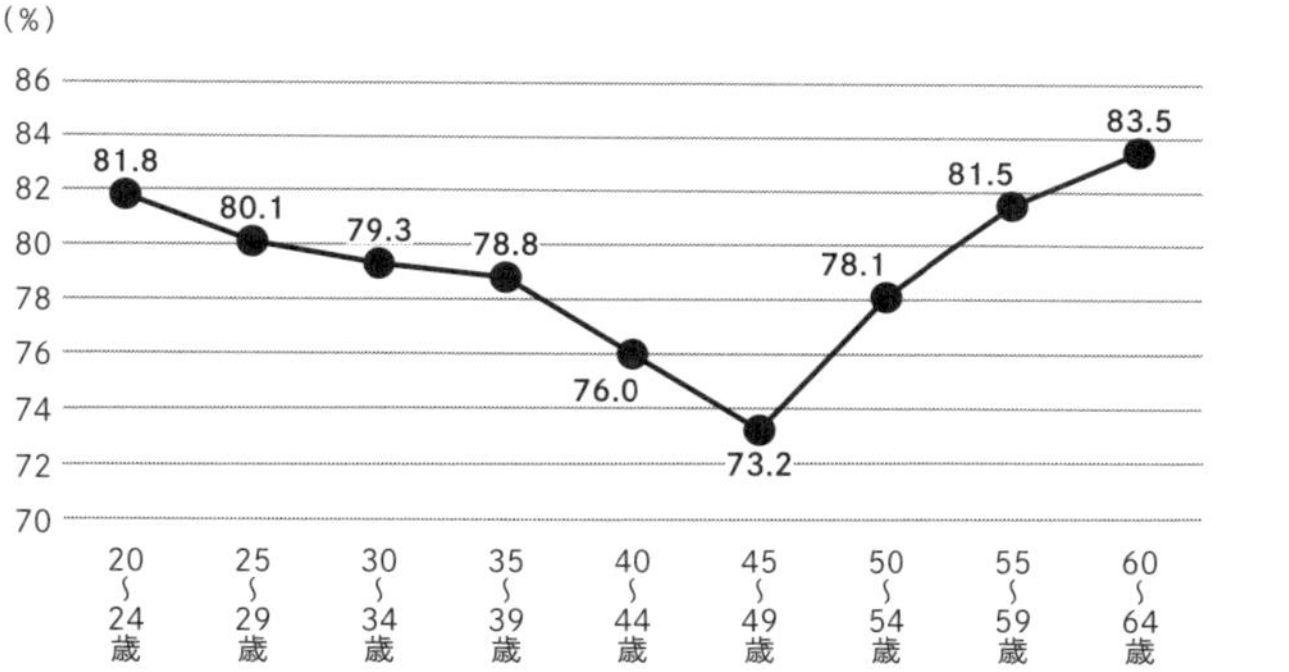

パーソル総合研究所「働く１万人の就業・成長定点調査」

40代頃の葛藤や不安は「ミドルエイジクライシス」とも呼ばれるそうですが、パーソル総合研究所が毎年行っている「働く1万人の就業・成長定点調査」でも、この傾向が見てとれます。次の2つの図を見てください。

図1によると、他の年代と比べて40代は、仕事において「成長が重要だ」と考える意識が低い傾向が見られます。

子育てや介護など、ライフに関わる状況の変化で自分より優先すべきことが多かったり、ある程度、スキルも知識も習得済みで、なんとなく自分の能力の上限

図2：年代別 組織への愛着、満足度（正社員、2017年）

「とてもそう思う」「ややそう思う」選択率合計

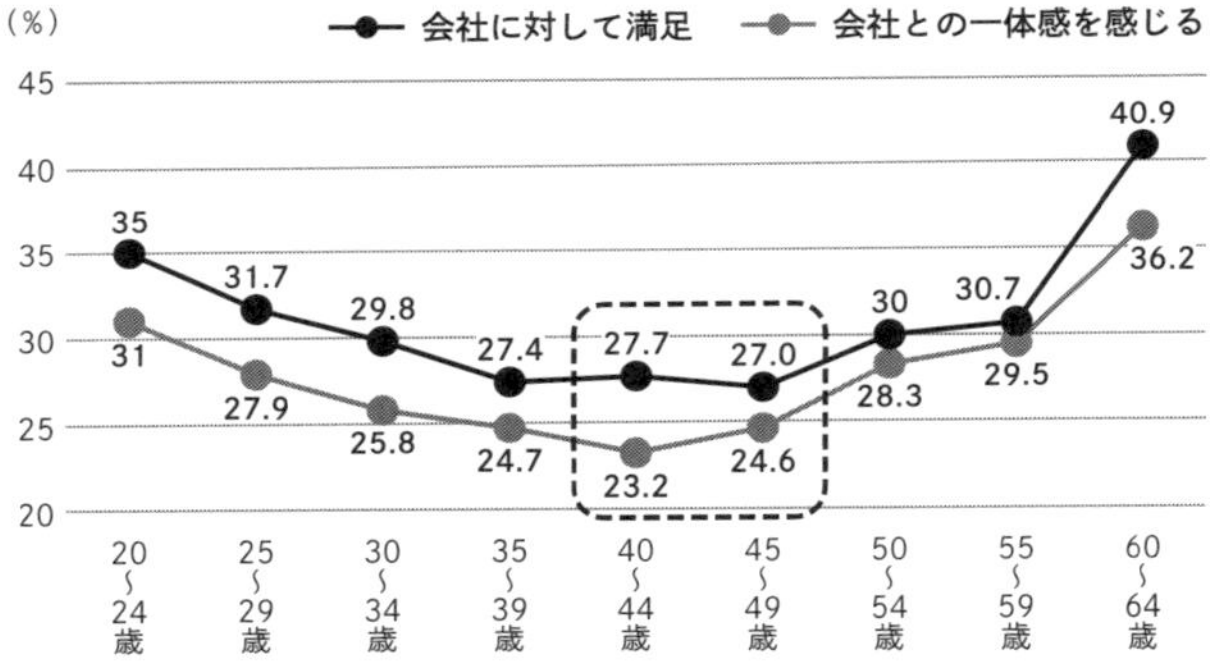

パーソル総合研究所「働く１万人の就業・成長定点調査」

もわかったりしているからでしょうか。

そのうえで、**自分の成長よりもこれからの仕事の意義や目的を重視している**ように思えます。

さらに、図2からわかるように、会社への愛着や満足度も、40代で落ち込む傾向があります。50代以降にまた上がっているところを見ると、**「このままでいいのか?」という40代特有の迷いが感じられます。**

「キャリア・プラトー」という言葉があります。「プラトー(Plateau)」とは、「高原」または「台地」という意味で、組織内で昇進や昇格の可能性に行き詰まり、あるいは行き詰まったと本人が感じて、モチベーションが低下したり成長する機会に消極的になったりすることをいいます。言い換えれば、**「伸び代をなくした停滞期」「キャリアの踊り場」**となるかもしれません。

この踊り場でどう考えるかが、その後の人生を豊かにしていけるかどうかの分岐点です。

モヤモヤがけっして悪いことではない理由

やる気を失って伸び代をなくし、生き方にモヤモヤしている……。これは自分の解像度が落ちている証拠ですが、逆に言えば、**自分を再発見するチャンスでもあるのです。**頭で考えるよりも、自分の欲求を客観的に言語化してみましょう。

たとえば、有名な「マズローの欲求5段階説」を使うと、いいとっかかりになります。

すでにご存知の人もいるかもしれませんが、人の欲求は次の5つの段階に分かれているという説です。

マズローの5段階欲求

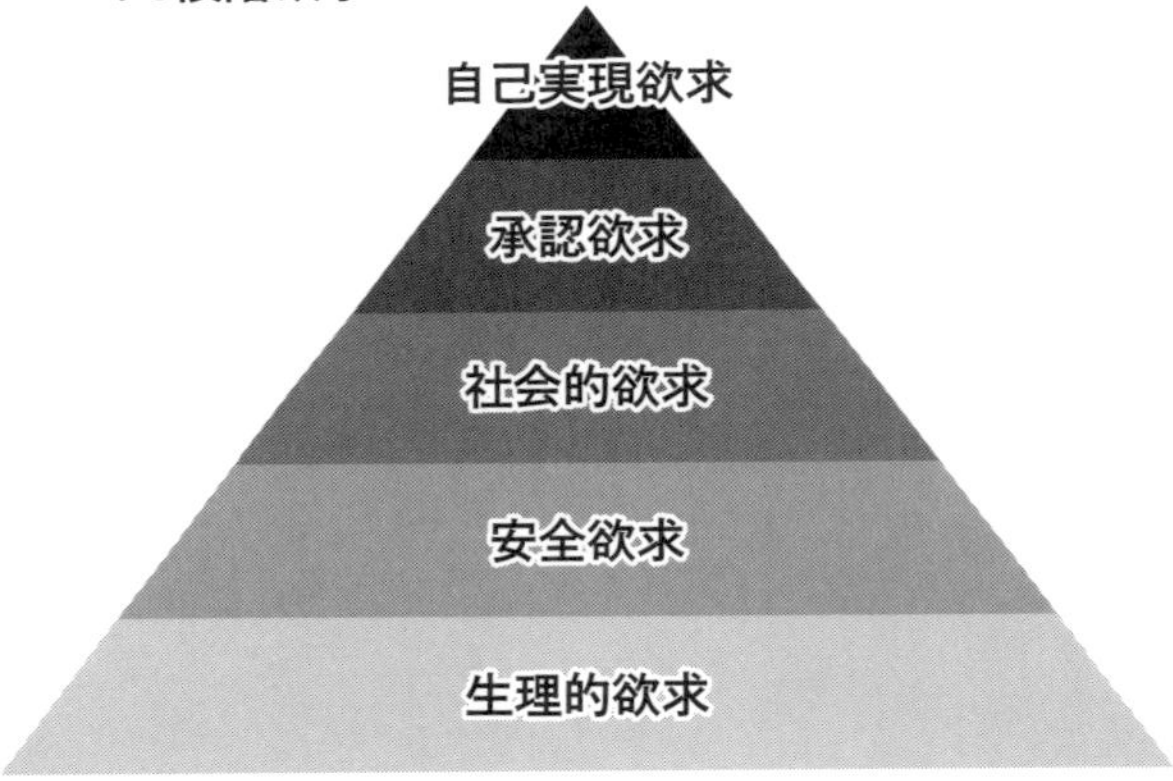

・第1段階「生理的欲求」食欲や睡眠欲、排泄欲など、人間が生きていくために必要不可欠な欲求

・第2段階「安全欲求」心身の健康や安全、経済的な安定などが確保された生活を送りたいという欲求

・第3段階「社会的欲求」家族や友人に受け入れられたい、集団に所属したいといった帰属を求める欲求

・第４段階「承認欲求」出世欲や他者から認められたいという自分の内面を満たしたいと考える欲求
・第５段階「自己実現欲求」自分の基準で満足できる自分になりたいと願う欲求

この説のポイントは、欲求が「段階」となっていることです。

前ページの図のように、**下の層であるほど人間にとって基本的な欲求であり、上に行くほど高度な欲求となっています。下層の欲求が満たされることで、より上位の欲求が発生していく**というものです。

「食べたい！　寝たい！」という人間の本能的な欲求が満たされない段階では、「自分の理想とする自分になりたい！」という高度な欲求は生まれてきません。**お腹いっぱい食べて、しっかり睡眠が取れてこそ、家族と仲良く暮らしたいとか、仕事で認められたいと思える**わけですね。

では、自分の人生がこのままでいいのか迷っているあなたは、どの段階にいるのでしょうか？　毎日健康に過ごして、会社員としてちゃんと仕事をして、家族や友人にも恵まれているというなら、少なくとも第3段階まではクリアしているといえるでしょう。

あなたの抱えているモヤモヤは、第4段階なのか第5段階なのか……。ここがポイントです。

第4段階「承認欲求」と第5段階「自己実現欲求」を分けるのは、外からの評価なのか内からの評価なのかという点です。

第4段階は、他者からの評価であり、不足しているものを補おうとするものです。

「今の職場ではこれ以上自分が評価されない」と感じているのであれば、第4段階「承認欲求」を求めています。

第5段階は、内なる自分からの評価であり、自分をより高めようとするものです。

「今の環境ではこれ以上自分が成長できない」と感じているのであれば、第5段階

「自己実現欲求」を求めているわけです。

第1段階から第4段階までは足りないものを充足させることが動機（欠乏動機）になっていますが、**第5段階は自分を成長させたいという気持ちが動機（成長動機）になっている点が、大きく違います。**

ひょっとすると、あなたは不足しているものがなくなってしまっているから、悩んでいるのかもしれません。第4段階までの欲求がすべて満たされているので、次に求めるものが見つかっていない状態なのかもしれませんね。

伸び代がないと感じるのは、欠乏動機から成長動機への切り替わりのステップ（踊り場）にいるのではないでしょうか。

こうした欲求を一度、言葉にしてみてください。

「自分はまだまだ誰かに必要とされたい！」

「自分の価値を認めてくれる人と働きたい！」

「新しい仕事を覚えたい！」

抽象的で構いません。むしろ抽象的なほうが根本的な欲求に近いといえますし、なんのために働くのか、方向性がわかってくるはずです。

マズローは晩年、第5段階の上にある第6段階「自己超越欲求」を提唱しています。

これは、**自分自身が成長したいという「エゴ」を超えて、社会そのものを良くしたいという理想を求める欲求です。**

たとえば、

・自分の労力や資産を使って社会に貢献したい
・ボランティア活動で困っている人を助けたい
・地球から戦争をなくしたい

・世界の貧困問題を解決したい
　というものです。

広く現代の社会を見渡すと、こうしたことに取り組んでいる人たちもたくさんいます。すでに第6段階に進んでいる人も、大勢いるのかもしれませんね。

興味がない、やりたくないことにも正直になる

今の人たちは、「やりたいことがないといけない」と、必要以上に重く捉えている気がします。

やりたいことがない自分は人より劣っている。やりたいことをやっていない自分は人より幸福でない。一刻も早くやりたいことをやらないと、取り返しがつかない。そんなふうに思ってしまうことはないでしょうか。

背景にはSNSの普及があると思います。以前に比べて、他人のキラキラした人生

が大量に目に入るようになり、つい自分と比べてしまう人もいるでしょう。でも本当は、その成功や幸福の裏には試行錯誤のプロセスがあるし、今まさにプロセスの途中にいる人もたくさんいるはずなのです。

「自分もやりたいことを見つけないといけない」と思い詰めすぎると、大して興味もないものに「興味を持たなければいけない」と思い込んだり、「興味を持てない自分がおかしい」と勘違いしたりしてしまいます。

アップルの新商品が出たときに、並んででも欲しいと思う人と、まったく興味がない人がいて当然です。ただし、ニュースで新商品を見たときに「どんなところに惹かれて並んでまで欲しいのだろう?」「自分が並んでまで欲しいものって、昔はあったかな? 今だと何があるだろう?」と考えるプロセスが大事だと思います。

本当に欲しいものややりたいことがあれば、自然と行動に移しているはずです。それがわからないと悩む人は、ニュース一つからでも自身の解像度を高めるヒントと捉えて言語化してみることをおすすめします。自分探しは難しく考えずに、いろんな自分を探す、終わりがないゲームと捉えて取り組んでみてください。

興味がないことややりたくないことを知るのも、大事なプロセスです。そうやって試行錯誤しながら、他人ではなく自分の人生の解像度を高めていきましょう。それは間違いなく心理的成功へ向かう前進です。

ポイント

欲を出すというと悪いことのように思えますが、自分にどんな欲求があるのかを一度整理してみましょう。

誰に見せるわけでもないので、遠慮せずに欲を解放してみてください。

4

動機を言葉にする練習をする

好きな色、人気の色、似合う色

あなたは洋服を買いに来ました。気に入ったシャツが見つかりましたが、色が何種類もあって迷っています。そこで、店員さんを呼んで試着してみることにしました。

まずは赤いシャツを着てみます。自分が**一番好きな色です。**

「悪くないなあ。でも赤い服はたくさん持ってるしなあ」

次に黄色のシャツを試着します。

「なんだか見慣れないからか、しっくりこないな」

店員さんはこう言います。

「**黄色は今シーズンのトレンドなんです。**人気がありますよ」

最後に青いシャツ。正直、そんなに好みの色ではありません。ところが店員さんは絶賛します。

「あ、**すごくお似合いですよ！**　素敵です」

さて、あなただったらどの色のシャツを買いますか？

・赤色　自分が好きな色。他人の評価も人気も関係ない
・黄色　人気の流行色。時代やトレンドに合っている
・青色　他人からの評価が高い色。今までと違う自分の発見

好きな仕事、人気の仕事、向いている仕事

好きな赤色を選べば、自分の満足度は高いでしょう。しかし、まわりからの評価はイマイチかもしれません。

流行色の黄色を選べば、自分の好き嫌いにかかわらず、一定の納得感は得られるはずです。客観的な理由付けがあるので、大きく後悔するリスクは一番低いかもしれま

せん。

すすめられた青色を選べば、自分としてはイマイチでもまわりの期待に応えられます。ほめられるうちに、青色を好きになるかもしれません。

普段、服を買うときに、いちいちこんなことを考える人は少ないと思います。考えたとしても、最終的にはなんとなく「これ！」と、感じたものを選ぶような気がします。

ではこれをあなたの仕事に置き換えてみたら、どうでしょうか。

なぜ自分は働いているんだろうと悩んだとき、あるいはこれからなんのために働くのか悩んだときに、好き、人気、似合う（向いている）は言語化のきっかけになります。

誰がなんと言おうと、好きな仕事があるならそれは立派な動機です。

人気のある仕事というのは、ニーズがあるということです。マーケットがあって収入が得やすいと言い換えてもいいでしょう。

似合うというのは、向いていること、つまり得意なことです。自分が持っているスキルや知識を活かすのであれば、向いている仕事が一番です。ただ、**自分では思ってもみないことでも、誰かに「向いているよ」と言われたら、それが動機になることもあり得ます。**

プロティアン・キャリア協会でコンサルタントをしている加藤さんは、社会に出てからずっと編集・制作をしていたのですが、30代後半で自分の市場価値に疑問を持ち始めました。そのとき、たまたま同僚に「キャリアカウンセラーとか加藤さんに向いているんじゃない？」と言われたことがきっかけで、資格を取得。2年間キャリア支援専門コースで学び、すっかりキャリアの世界にハマったそうです。

さらに、会社では新規事業だったキャリア支援の部署に異動して、行政における若年未就職者支援（ジョブカフェの立ち上げ）、大学における学生支援（講座、授業）などを4年ほど行うことになります。

動機を言語化してみると、あなたのポリシーやこだわりといったものが、少しずつ浮き上がってきます。

向いている仕事がいいと思う人は、もしかすると誰かの役に立つことや喜んでもらうことを望んでいるのかもしれません。

人気のある仕事を選ぶ人は、他人からの評価を求めていたり、純粋に稼ぎを必要としているのかもしれません。

自分を「なぜなぜ」分析

こうした心理テスト的なものでも、言語化の訓練になって、自分という人間の解像度を上げていくことにつながります。

たとえば、なんでもいいのであなたの好きなものやことについて、**なぜ好きなのかを言葉にしてみると、意外と「あ、自分ってそうなのかも」と新しい発見があったりします。**

ぜひ、次のようなことを言語化してみてください。

・飲食店でいつも同じメニューを頼むタイプ？
なるべく新しいメニューを頼むタイプ？　それはなぜ？

・流行りのドラマや映画、マンガはとりあえず見る？
流行るとかえって見なくなる？　それはなぜ？

・一人で楽しむ趣味が多い？　大勢で楽しむ趣味が多い？　それはなぜ？

・ＳＮＳはよく投稿するタイプ？　見る専門？　それはなぜ？

・これまで観た中で「マイベストムービー」は何？　それはなぜ？

・落ち込んだときに必ず聴く歌や、悩んだときに必ず読む本はある？　それはなぜ？

・もし失恋したら、すぐ忘れる？　いつまでも引きずる？　それはなぜ？

言ってしまえば性格診断のようなものですが、ちょっと違うのは「なぜ？」と自分に聞いてみることです。

私もそうですが、自然とやっていることだったり、なんとなく好きだったりすることはたくさんあります。全部に説明をつけると理屈っぽくてつまらない気がしてしまうものですが、あえてやってみましょう。**普段意識しないところにこそ、根っこにある人間性や価値観が隠されているものです。**

ポイント

自分でも選択や行動の理由はわかっているようでわからないものです。
「なんとなく」で曖昧にせず、どんな小さなことでも動機をはっきりさせてみましょう。

5

「書く」＝アウトプットのパワー

一番大切なことをなぜ書かないのか

大切なことや忘れたくないことがあったら、スマホやノートにメモしたり、今では写真に撮っておいたりすると思います。

でも、**意外と多くの人が、一番大切なことを記録に残していません。それは「自分自身のこと」です。**SNSや日記を書いている人でも、出来事や意見が多く、自分の内面について書くことはそんなに多くないのではないでしょうか。

おそらく理由は2つです。一つは、自分のことは書くまでもなくわかっていると思っているから。仕事のメモと違って後で役立つこともなさそうですから、いちいち書くのも面倒です。

もう一つは、内面を開示するのはどこか気恥かしいから。「私ってこんな人間なんです」とわざわざ言うのは、なんだか自意識過剰な感じがして気が引けますよね。

でもジョハリの窓で説明したとおり、**実際は自分のことはよくわからないものです。**

先ほど紹介した加藤さんが私の協会に入ったのは、たまたま知り合った人に「加藤さんの人生ってプロティアンの考え方そのものですね」と言われたことが大きな理由だそうです。こうした言葉をかけられるのは、**自分がどんな人間であるかを言葉にしてきたから**だと思います。その結果、他者から見た新鮮な自分にまた気がついて、より自分らしさが鮮明になっていくのではないでしょうか。

仕事のことも、世の中のニュースも勉強も大事ですが、もっと大切なのは自分のことです。最初は自分だけが見る秘密のメモでも構わないので、書き残してみてください。ぼんやりと内省するよりも、きっと効果があるはずです。

「書く」というパワフルな行為

「言語化」とは気持ちや考えを言葉にすること、と言いましたが、ここには「書く」という行為も含まれています。

言葉にしたものを、実際に紙に書いてみるということですね。

スマホやパソコンに打ち込んでも構いませんが、**自筆で文字にするという行為は、脳の複数の領域を同時に働かせるといわれています。**デジタルで文字を打ち込むときには、指先は決まった場所を決まった手順で動かすだけで済みます。

一方で、アナログに文字を書く場合には、手でペンを握ることに加えて、指先にも神経を集中させて動かさなくてはなりません。**文字を書くという行為では、より多くの脳の領域を使わなくてはならない**わけです。これが脳を活性化させるのです。

最近は、タブレットで手書きができるものもあるので、それを使ってもいいかもしれません。

書くという行為のメリットは、他にもあります。

それは**脳の「メモリ」をクリアにするということです。**

脳には「ワーキングメモリ（作業記憶）」という領域があります。パソコンでいうメモリと同じで、脳で何か情報を処理する際に使われる領域ですが、これには限りがあります。

ワーキングメモリで脳が情報処理をするのは、私たちの仕事でいえば、机の上で作業することに似ています。

机の上にいろいろなものを広げていくと、だんだん空いているスペースがなくなってきます。新しい作業をするには机の上を片付けないと効率が悪くなってしまう、といえばいいでしょうか。

脳のワーキングメモリが同時に処理することのできる情報は意外に少なく、せいぜい5〜7個前後だということがわかっているそうです。

（参考　https://toyokeizai.net/articles/-/310753?page=3）

このメモリを片付けるのが、書くという行為です。**頭の中で考えていることを書き出すことで、メモリから消去してしまってもいいという状態をつくる**わけです。これでまた、新しい情報をワーキングメモリに入れて、いろいろと処理することができるようになります。

以前に考えていたことを思い出したければ、書き出したものを見返せばいいわけです。

これが、いわゆる「メモ術」と呼ばれるメソッドですね。

日常で見聞きしたものを、すべて覚えておくことはできません。そこで、忘れてしまってもいいように、気になったことはどんどんメモしていきます。後にメモを見返して、思考を深めて新しいアイデアを作り出すというものです。SHOWROOM株式会社の社長である前田裕二さんの著書『メモの魔力』(幻冬舎)は、そんな合理的なメソッドがウケて、ベストセラーになりました。

「メモ」は、情報があふれる時代に合った、効率的な情報管理術としても注目されています。

ポイント

大事なことはメモしておきたいというなら、自分について書くことも忘れないようにしましょう。日記までいかなくとも、毎朝思ったことをただ書き出すだけでも効果は絶大です。

6

忖度のない
ダメ出しを受ける

ダメ出し、されてますか？

最近、誰かにキッパリとダメ出しされたことはありますか？

若いうちは注意されたり怒られたり、ダメ出しのオンパレードが普通です。しかし、**それなりに歳を重ねて経験も積むと、だんだんとダメ出しを受ける機会が減ってしまいます。**単純に仕事ができるようになるからということもありますが、立場が上になってくるとまわりが言いにくくなり、頼んでもいない忖度をされる面もきっとあるだろうと思います。

私は自分で会社を作りましたから、上司はいません。こうなるとますますダメ出しの機会はなくなっていきます。

他人にアレコレ否定されないのは、とても快適です。でもそれだけだと、まわりから見たあなたと、自分で思っているあなたの間に、どんどんギャップが開いてしまいます。

自分の言語化には、なんでも言ってくれる存在がとても役立つのです。

実際に、ダメ出しをきっかけに新しい仕事を見つけた人がいます。

A堀さんは新卒から32年間、地方銀行に勤めてきました。本人は「組織謹製のキャリアを、ほどほどの優等生としてなぞってきた」と言いますが、部長職まで務めた後に、業界団体への出向を命じられたそうです。

そこで**A堀さんが32年間張り続けてきた糸がプツっと切れました。**なんだかホッとした反面、これからどうすればいいかわからなくなったのです。

そんな折に、A堀さんに金融専門の雑誌から寄稿連載のオファーが届きます。いいチャンスだと思って連載の企画を提案しましたが、ここでダメ出しをくらいます。

「出版社から**『きれいすぎて面白くない、もっと自分をさらけ出して』**と言われたんです」

A堀さんは自分の恥ずかしい部分も出す覚悟で、「失敗から学ぶ教訓」という方向で企画を出し直しました。その企画が通って、新しい仕事をスタートできたのです。

メンターを見つけよう

キャリアを形成していくうえでは、「メンター（Mentor）」という存在が注目されています。日本語では「指導者・助言者」と訳され、仕事やキャリアの手本となる先輩社員というイメージで語られることも多いのですが、必ずしも自分より上位の人である必要はありません。

キャリアの形も多様化しているので、**仕事面でもプライベートのことでも、安心して相談できる存在**というほうが適当かもしれません。

メンター選びのポイントは、**あなたのために親身になって相談にのってくれて、遠慮や忖度などをせずに、フラットな立場で意見を言ってくれる人**であることです。

自分が理想とするような仕事や生活を実践している先輩でもいいですし、利害関係のない学生時代の友人でもいいでしょう。もっとわかりやすくいえば、**あなたの悪口を面と向かって言ってくれる人**です。

ちょっと話がそれてしまいますが、辛口コメントのマツコ・デラックスさんや有吉弘行さん、一見傍若無人に見えるハーフタレントやギャルタレントが人気なのも、多くの人が言えなかったことを言ってくれるからではないでしょうか。

マツコさんや有吉さんはただ口が悪いのではなく、意味のない予定調和や忖度を打ち破ることで、見ている側のストレスレベルを下げてくれる存在でもあります。もちろん、そのコメントが的を射ていて、「よくぞ言ってくれた！」という賛同が集まるというのも重要な点です。

ハーフタレントやギャルタレントの多くも、大御所や先輩にも物怖じせず、自分が思ったことを口にしているにすぎません。見ている私たちも、彼女たち彼らたちが自分にウソをついていないことがわかるので、あまり嫌な感情が湧いてこないのだと思います。

どちらにしても、私たちが心の中でモヤモヤしていたことをはっきり言ってくれる＝言語化してくれるという点で、多くの人気を獲得しているのではないでしょうか。

メンターの話に戻ると、もっとも重要なのが、メンターの意見には基本的に従うということです。**どんなに厳しい意見でも思いもしなかった指摘でも、一度はそれを受け入れて検討しなくてはなりません。** なぜなら、それがあなたの「盲点の窓」だからです。自分の都合の悪いことを排除していては、メンターを作った意味がありません。

こうした「悪口＝厳しい意見」を、ビジネスに結びつけた企業があります。「不満買取センター」というサービスを展開する、株式会社Ｉｎｓｉｇｈｔ Ｔｅｃｈです。

このサービスは読んで字のごとく、世の中の人の不満を買い取り、企業や自治体の事業にフィードバックするものです。受け取った側は、その不満から商品やサービスを開発＆改善していくわけです。

本来なら誰しもが敬遠しがちな「不満」ですが、実は物事を良くするためのヒントに他ならない、という逆転の発想から生まれたサービスということですね。

私たち個人も、**投げかけられた悪口は誰かの不満だと考えれば、そこに自分を良くしていくヒントがあると思い直せるのではないでしょうか。**

「良薬は口に苦し」なんて使い古された格言を持ち出すまでもなく、一度メンターと決めた人の意見は飲んでみることが肝要です。

ポイント

他人に意見を言われるというのは、言い換えれば、他人を使って自分を言語化すること。

そう思えば、たとえ嫌なことを言われても少しだけ前向きになれるかもしれません。

第3章

価値化
～自分の武器を見つける～

7

自分の能力や実績よりも価値を信じてみる

誰と働くかであなたの価値は変わる

「自分の強みがわからない」
「何の才能もない」

そんなふうに悩む人はたくさんいますが、とても普通のことだと思います。私だって同じです。すごく経営のセンスがあるとか、キャリア相談の圧倒的な才能があるとか、自分ではあまりそう思えるものではありません。

でも、**自分がやっていることや提供していることには「価値がある」と、信じています。**

キャリアを考えるうえでは、突出した才能やセンスを持っていることよりも、**あなたが少しずつ蓄積してきた知識やスキルを、「誰と働くか」という関係性の中で、価**

値化することのほうがよほど大事だと思います。

たとえば、会社に勤めている人だと、こんなことがありませんか？

ある営業職の人が外回りから帰ってきて、オフィスで働く事務職の人と話をしています。

「お願いしていたエクセルのリスト、できてます？　あ、すごい！　私には絶対できないですよ。ありがとうございます」

「いや、誰だって時間があればできますよ」

「そうかもしれないですけど、それが私にはなかなかできないんですよね」

「確かにね。逆に私は毎日外で知らない人と話すなんて、とてもできないですから」

いわゆる向き不向きというやつで、ごく普通の関係だと思います。この営業職の人に強みを聞いたとしても、「いや、特にない」と答えるかもしれません。同じく事務職の人も「特別な才能はない」と言うかもしれません。でも客観的に見れば、**それぞ**

れがこの関係性の中で価値を提供しているとわかりますよね。

なんだか当たり前の話に聞こえると思います。

でも実は、**キャリアとか人生を考える場面になると、意外と「誰と働くか」を見落としてしまいます。**「自分は営業をずっとやってきたから営業はできるけど、営業として特別にすごいかというとそうでもない」というように、自分の能力や実績だけに着目してしまうのです。

そうではなくて、誰と働くかによって価値は変わると考えてみてください。一緒に働く人との関係性が価値を作るのです。

こんなケースを耳にしたことはありませんか？　「指示が明確な上司のもとだと、パフォーマンスが出せた社員が、配置換えで丸投げの上司の下に行ったら、パフォーマンスが出せなかった」というのです。仕事のパフォーマンスを発揮するのに、人との関係性が大きく影響していることがわかります。

スタジオ・ジブリの宮崎駿監督と、プロデューサーの鈴木敏夫さんの関係を見ていると、まさに黄金コンビのように思えますよね。

職人気質で徹底的にクオリティを追求する宮崎監督と、その才能を十二分に発揮させながら、ビジネスとして成立させていく鈴木プロデューサー。どちらが欠けたとしても、世界的な名作を生み出し続けることはできなかったでしょう。

歴史上の例でいえば、新選組もタイプの違う2人が組んだことで、動乱の幕末を揺り動かす存在になっていったといえるかもしれません。

個人のキャラクターは小説などで脚色されているとはいえ、トップとして大きく構える局長近藤勇に対し、現実的かつ実務的な面は副長土方歳三が取り仕切っていきました。2人が異なる役割を果たすことで、激動の世の中において、寄せ集めの集団でしかなかった新選組の存在を、大きくしていったのでしょう。

創作の世界での名コンビといえば、名探偵シャーロック・ホームズと相棒のジョン・ワトソンでしょうか。頭脳明晰でどんな難事件も見事に解決するホームズですが、性格面ではやや難のある人物。そのホームズをよく理解し、まわりとの関係を上手に取り持っているのがワトソンです。ホームズの勝手ぶりにいつも翻弄されるワトソンですが、２人のタッグがあってこその物語として描かれているところに魅力があります。

誰と働くか、特に上司は選べないことがほとんどです。

しかし、自分がどういう環境になればパフォーマンスを発揮しやすいかがわかっていれば、「指示がほしい」「自由にやらせてほしい」などの方針を示すと理解してもらえるかもしれません。自分の特性について伝えてみると、上司もやり方を変えてくれる可能性があります。そういう意味では、価値は自ら働きかけることによって高めることも可能です。

謙虚ぐせから抜け出す

もう一つ、イマイチ自信が持てない人に共通するのが、謙虚ぐせがついていることです。

自信が持てていないときは、**いくら人にほめられても、つい「いやいや、そんなに特別なことじゃない」とか「もっとすごい人はいくらでもいる」などと考えてしまいがちです。**

私も「有山さんって話が上手ですね」などと言われることがあります。私は小さい頃から人前で話をすることが大の苦手で、小学校の学芸会では一番セリフが少ない役を選んでいたほどでしたから、とても意外でした。

自分では低いレベルだと思っていますが、話が上手と言われたことで、「あ、自分ってそうなんだ」と再発見することができました。ただ、そんなふうに思えない人もかなり多いのではないでしょうか。

たとえ嬉しくても、真っ正直に「そうなんです、私はすごいんです！」とは言いにくいですし、そもそも**本当に自分は大したことがないと思っている**わけですね。

謙虚であることは美徳です。度が過ぎると嫌味に感じられることがありますが、基本的には、傲慢な人よりも謙虚な人のほうが人当たりは良いとされています。日本人の感性だと、なおさらでしょう。

ただ、一方で「もっと自信を持て」と言われることもあります。**自信のなさはマイナスに捉えられてしまうこともある**からです。

ビジネスはもちろん、スポーツでもそれは顕著です。

サッカーの本田圭佑選手はその独特のワードセンスが人気です。自信をみなぎらせた発言はときに「ビッグマウス」とも形容されましたが、本田選手ほど実力があり、有言実行する姿は、とても輝いて見えます。やはり自信がなければ、厳しい勝負の世界で勝つことは難しいのでしょう。

そう思うと自信がなさすぎるのも考えものですが、なかなかあのメンタルは真似できるものではありません。

自信を持とうとか、素直になろうとか、**自分の心や感情を変えようとしてもうまくいきません。**「自分はすごいんだと思え」と言われたって無理ですよね。

ですからまずは、自分の「価値」というふうに客観視して、「誰と」という他者との関係性に目を向けてみましょう。

郵便はがき

切手を
お貼りください

105-0003

（受取人）
東京都港区西新橋2-23-1
3東洋海事ビル
（株）アスコム

なぜ働く？誰と働く？いつまで働く？
限られた人生で後悔ない仕事をするための20の心得

読者　係

本書をお買いあげ頂き、誠にありがとうございました。お手数ですが、今後の出版の参考のため各項目にご記入のうえ、弊社までご返送ください。

お名前	男・女	才
ご住所　〒		
Tel	E-mail	
この本の満足度は何％ですか？		％

今後、著者や新刊に関する情報、新企画へのアンケート、セミナーのご案内などを郵送またはｅメールにて送付させていただいてもよろしいでしょうか？
□はい　□いいえ

返送いただいた方の中から**抽選で3名**の方に
図書カード3000円分をプレゼントさせていただきます

当選の発表はプレゼント商品の発送をもって代えさせていただきます。
※ご記入いただいた個人情報はプレゼントの発送以外に利用することはありません。
※本書へのご意見・ご感想およびその要旨に関しては、本書の広告などに文面を掲載させていただく場合がございます。

●本書へのご意見・ご感想をお聞かせください。

ご協力ありがとうございました。

自分を素直に価値化できる人がほめられたときに返すひと言

謙虚なのはいいことでも、そればかりだと謙虚ぐせがついて、**どんどん自分を過小評価してしまいがちです。**かといって自信満々に振る舞うのは難しいし、他人に自信過剰と思われるのも嫌です。

そんなときには、フラットに自分の価値を受け止める練習をしましょう。嫌味なくそれができている人は、ほめられたときにこう返します。

「ありがとうございます」

「嬉しいです」

私はこれを聞いたときに、自分を卑下するわけでもなく、かといって自慢げでもなく、とても健全な心の持ち方だと感じました。

前の章で、自分に向けられた悪口も率直に受け入れなくてはならないと述べましたが、**ほめられたことを素直に受け止めることも、同じくらい大事なことです。**

それがないと、ジョハリの窓でいう「盲点の窓」は開いていかないので、自己理解が止まってしまいます。そして**自分の思い込みだけで、自分の可能性に蓋をしてしまうことにもなります。**

日本人は空気を読むのが得意なので、日本の社会では波風を立てない対応が無難です。自分を下げておくというのは、まさに無難なコミュニケーションのコツです。でも、過剰に自分を下げなくても、「ありがとう」や「嬉しい」と表現することで、波風立てずに対応することができるのです。

ちょっとしたことかもしれませんが、**自分に向けられた評価を頭から否定しない習慣というのはとても大事です。**意識して素直に受け止める練習をしておくと、自然と自分の価値を信じられるようになるのではないでしょうか。

ポイント

人と人との関係性の中で、価値はあったり、なかったりするもの。
まずは自分の提供する価値を信じる心のストレッチから始めてみましょう。

8

他人と比べるのではなく並べてみると価値が見える

絶対価値と相対価値

そもそも価値には2種類あります。絶対的な価値と相対的な価値です。
一般的には次のような理解になります。

・絶対的な価値
まわりに関係なく存在する価値。想いやビジョンなど

・相対的な価値
比較のうえで成り立つ価値のこと。技術や知識など

こうして見ると、**何かと比べないと価値が測れない相対価値は、あまりよくないものに思えます。**「私のほうがすごい」「いや、あの人のほうがすごい」と競い合いのキリがなく、かえって自信を失いそうです。

対して「家族を愛している」というような絶対価値は、誰と比べることもなく揺る

ぎないものに思えます。

でも私はあえて、ここでは相対的に価値化することをおすすめします。いやいや、人と比べるなんて凹むだけだ、と思うかもしれません。そこはちょっと考え方をアレンジして、**比べるのではなく並べるように考えれば、相対価値はあなたを価値化する助けになります。**

そもそも「人と比べなくてもいい」と言われたって、現実的には無理ですよね。一人で生きているわけではないし、**特に仕事となると、一人ひとりの能力や適性の違いは必ず出てきます。**私たちは機械ではないのです。

ではどう考えればいいのか。具体的にいうと、先ほど述べた「誰と働くか」という関係性の中で価値を見出すことです。

ここで、ある町の小さな畳店が価値化に大成功したストーリーを紹介します。

「森田畳店」は、東京都荒川区で1934年に創業。現在は2代目の森田精一さんと、息子で3代目の隆志さん、職人の3人で畳を製作している、いわゆる下町の老舗畳店です。近年は生活様式が変わり、**和室が減少するにつれて畳も需要も減っています。**

そんな状況の中、森田畳店は1995年にホームページを立ち上げます。今でこそ、大企業だけでなく中小の会社でもホームページを作るのが当たり前になっていますが、当時はまだまだ少なく、特に畳店では珍しかったそうです。

しかし、それが海外へ進出するきっかけを作り、なんと**ハリウッド映画からオファーが届くようにもなります。**

日本国内では畳の需要が減って価値が低下し始めていたのですが、**海外では高い価値があったということです。**徐々に海外に住む日本人からの注文などが入るようになり、苦労しながらもそれに対応していきました。どうやって海外の部屋に合う畳のサイズを割り出すか、現地に送るための関税や検疫をどうすればいいかなど、ノウハウが蓄積していきます。

当初は苦労ばかりが多く、**海外を目指すビジネスモデルについて、周囲からは冷ややかに見られていたようです。**それでも、輸出に関する情報をホームページに掲載し、英語のページも作ったことで次の展開が訪れます。

日本テイストに憧れを持つ外国人の富裕層などから人気となり、2018年には、パリコレ（パリ・コレクション）でファストファッションブランド「H&M」がショーで使うための畳を、300枚受注するに至ったというのです。その写真をホームページに掲載した直後、あの「007」からオファーが届きます。英国諜報員ジェームズ・ボンドが活躍する、人気スパイ映画です。

シリーズ第25作「007／ノー・タイム・トゥ・ダイ」で、ボンド役のダニエル・クレイグと最凶の悪役サフィンを演じるラミ・マレックが対決する場面で、実際に森田畳店の畳が使われています。

サフィンのアジトに畳が敷き詰められていて、とても印象的なシーンです。日本で公開されるや、「同じ畳がほしい」とさらに注文が相次いだといわれています。

これはマーケティングと企業努力の勝利ですが、私たち個人の価値化においてもとても参考になると思います。

たとえば、東京都内のＩＴ企業でデザイナーをしていた人が、地元の地方企業で能力を発揮することなどは、わかりやすい事例です。都心には同等のスキルや経験を持つデザイナーがたくさんいるかもしれませんが、地方には意外と少ないことがよくあります。そのような環境であれば、**都心で培った自身の能力だけでなく、カメラマンやライター、イラストレーターやプログラマーなどとのネットワークも非常に高い価値を生むでしょう。**

オンラインでの仕事がやりやすくなった今は、**「地元の地域創生に還元したい」と意欲を持って、越境して価値を発揮する人がたくさんいます。**

横の関係性で「変化適応力」を高める

転職やキャリアのことで悩んでいる人の多くは、面接や試験で「あなたは何ができますか?」と聞かれることが苦手だったりします。それは、同じ業界、同じ職種という縦の関係性の中で能力や実績を競わないといけないからです。

競い合って上へ上へ目指していくのも一つの道ですが、選択肢はそれだけではありません。**もうちょっと広く横の関係性の中で価値を探ってみようというのがプロティアンの考え方です。**

畳店が海外に出ていったように、**横にずらした関係性の中で相対的に価値を測ってみると、意外と自分が活きることがあります。**

N田さんという女性は、阪神淡路大震災のときに、当時の勤め先で雇い止めになってしまい、その後は資格を取って社労士として働いてきました。

ある日N田さんは、SNSで匿名の新米パパのこんな投稿を見かけます。

「自分と同じ新米パパ・ママのためにボードゲームを作りたいので、誰か手伝ってくれませんか？」

ほんのお節介のつもりで、N田さんは「いいよ」と返事を書き込んだそうです。実際にその新米パパに会ってみるとNPOの職員さんだったそうで、ボードゲームの開発者としてN田さんも参加するようになりました。

社労士とはまったく関係のない仕事に思えますが、N田さんの男性の育休取得やデュアルキャリアなどについて仕事をしてきた経験、そして自らも子育てをしてきた経験が、うまく活かせたのだと思います。

「金銭的な報酬は少ないですが、素敵な人たちと出会い、とてもワクワクしています」

このN田さんの手ごたえは、**まさに心理的成功ではないでしょうか。**

もしN田さんが社労士という枠組みの関係性の中だけで自分を価値化しようとしたら、「自分よりすごい人はたくさんいる」「自分には強みがない」と思い込んでしまったかもしれません。ちょっと横にずらして、育休経験などの、仕事と一見無関係な経験が活かされたからこそ、今の満足感があるのです。

このように、**自分の持っている知識やスキルが活かせる関係性を横展開していくことを、プロティアン理論では「変化適応力（アダプタビリティ）」と呼んでいます。**少し難しく聞こえるかもしれませんが、需要があるところで価値を発揮するということです。

狭い関係性の中だけでは、アダプタビリティはなかなか広がっていきません。どんな業界や職種にも、より経験の豊富な人や、より技能の高い人はいるからです。

ですから縦に上下で比べるのではなく、自身の価値をより広く捉えて、横に並べてみることで変化適応力が高まります。

N田さんの例でも、**社労士としてもっと経験豊富な人や有名な人はたくさんいるでしょうが、SNSで出会った新米パパにとって頼れるのはN田さんだったのです。**

私も同じです。キャリアの専門家は私以外にもたくさんいます。でも私のまわりにいる人たちにとっては、一番アクセスしやすい専門家だったのではないでしょうか。

もちろんプロティアン理論に共感していただいているわけですが、**そこに自分が変わるための何かがあると期待してくれているように思います。**

「好き」「得意」はゴールにならない

自分の価値を確かめるときに、一番のきっかけになるのは「好きなこと」「得意なこと」だと思います。

ただ、**自分の「好き」や「得意」にイマイチ自信が持てない人も少なくないでしょう。**それはそうですよね。私も野球は好きだし得意ですが、私よりも野球マニアで知識豊富な人はきっといるだろうし、得意といってもプロ選手には及びません（当たり前ですが）。**だから、強みややりたいことがわからなくなってしまうんですよね。**

でも、それで構わないのです。新卒で入った会社で、野球経験者ということで早速野球大会に呼ばれて代打でホームランを打ったことがありました。ただの一企業での練習試合の１つです。ただ、その経験が野球をしている他の部門や先輩との関係性を創り、「この前の試合は凄かったね」という話題もできて、覚えてもらえることで関係性が拡がり、自分の可能性が拡がるのです。プロ野球選手にならなくても、やってきたことは自身のキャリア形成に活かされる、どんな経験でも未来につながっていると実感します。関係性の中で価値は変わることを思い出してください。

仕事も同じで、**一緒に働いている人の中で比較的エクセルに詳しい人は、エクセルが得意な人です。**もっと細かくいえば、隣の席の○○さんよりは詳しい、という程度でもいいと思います。

前の章で自己開示をしていこうという話をしました。**こうして言語化すると、あなたのもとにエクセルの仕事や質問がちょっとずつ集まります。**それが価値の提供にもなるのです。たとえば、今でいうとチャットGPTを積極的に使いこなし、「チャットGPTなら○○さん」という認知を社内で創るのはいいですね。「チャットGPTのプロンプトが得意です！」と自分で言いまくるのです。戦略的に得意を創り出して発信していくのも、キャリアには大事なことです。

「好き」とか「得意」が見つからずに悩む人は、それが絶対的な価値じゃないといけないように思い込んでいる気がします。**誰にも負けないものなんて、そうかんたんに見つかるわけがないですよね。**ですから、自分のサイズ感、身の回りの人との関係性の中で並べてみて、「まあ得意かな」というものがあれば上々ではないでしょうか。

「好き」「得意」はゴールではなく、スタートなのです。

ここでまた「ジョハリの窓」に戻ります。これまで触れてきませんでしたが、右下に、自分もみんなも知らない自分＝「未知の窓」がありますよね。これは、まだ誰も知らない「あなた」のことです。

ひょっとすると、今あなたが好きなことや得意なことよりも、もっと好きで得意なものが眠っているかもしれないのです。今の自分を〝絶対的〟なものとして固執してしまうと、それが見つかりにくくなってしまいます。

だから、今好きなことや得意なことは、あくまできっかけくらいに考えておいたほうがいいのです。最終的に、今の好きや得意が本当にあなたの好きなものや得意なことだった、という結論になれば幸せなことです。

素朴な経験も価値になる

さらにいうと、仕事の能力や知識の多寡にばかりとらわれていると、「人より得意なことが何もない」と絶望してしまうことがあります。もしそうだとしたら、**自分では普通だと思っている「素朴な経験」に目を向けてみてください。**

出身地や出身校トークって、やけに盛り上がりませんか？　同じ出身というだけで妙に親近感がわきますよね。私は早稲田大学出身で、早稲田大学には「稲門会」というさまざまなアルムナイネットワークがあります。以前から「ファイナンス稲門会」には入っていましたが、最近「ベンチャー稲門会」「キャリアコンサルタント稲門会」にも入りました。早稲田大学出身者は多くいますが、その中で領域を絞り、同じ経験や思い、境遇の人たちとのつながりが価値を生みます。学生時代の部活や母校、専門分野、趣味などなんでもいいので、**新たな関係性を創ることで、相手からすると「似た経験を共有している」という付加価値が生まれて関係性がより深まるのです。**

特にプロティアン・キャリアでは、人生のプロセスすべてをキャリアと捉えていますから、どんな経験にも価値があります。

子育て経験のある社労士でも、一人っ子の営業担当でも、ヘビメタばかり聴く経営者でも、スイーツに目がない人事担当でも、なんでもいいのです。

自分には無価値に思えることでも、他人からすると意外な価値がある。だから、**どんなに細かいことでも、自分を言語化しておくことが大切なのです。**

ポイント

能力を競い合うのではなく、横に展開してみると意外なところで変化適応力が浮かんできます。

同じ職種や業界だけにとらわれず、少し横にずらした関係性の中に出ていってみるのも一つの手です。

9

苦手なことや弱点は価値を発見するヒント

弱点を武器に変える裏返しのコツ

これは業界では有名な話らしいのですが、ある美容ライターさんのストーリーです。

美容ライターとは、女性誌や美容雑誌などで、化粧品の紹介やレビュー、メイク術などの原稿を書くライターのことです。いろんな化粧品を実際に自分で試してみて、記事を書くことが日常です。

しかし、**ある美容ライターを志ざした女性は、敏感肌だったために悩んでいました。**化粧品を使っては落とし、また使うということをくり返しているうちに、肌荒れがひどくなって、仕事にも支障をきたしてしまったのだそうです。

自分には向いていないのではないかと、美容ライターの道をあきらめかけていたのですが、ある記事が、思わぬ反響を呼びます。それは、「敏感肌の自分にもとてもよかった」というある化粧品の紹介記事。同じく敏感肌で悩んでいる読者から、多くの感謝の声が届いたのです。

そこから彼女は、**「敏感肌の美容ライター」というキャッチフレーズで仕事をしていきます。**自分が試して問題のなかったことを記事に書き添えていくことで、オンリーワンのポジションを築いていけたというのです。

敏感肌という、美容ライターにとっては弱点だと思い込んでいた部分が、実は武器だったわけですね。むしろ、**敏感肌の人のための記事を書くのが得意だったともいえます。**自分の持つ他の美容ライターとの違いを活かし、価値化を実現した良いエピソードだと思います。

このように「誰のために」と自分の経験やスキルを掛け合わせると、変化適応力を高める可能性があります。

ユニクロも同じです。

ユニクロが急成長した理由の一つは、「ファッションに興味がない人」をターゲットにしたことだといわれています。アパレルブランドというと、それぞれにイメージやデザインの特徴があり「オシャレが楽しい」「選ぶのが楽しい」という人が顧客のように思えます。でもその裏側で、**「服を選ぶのが面倒」とか、「無理して失敗したくない」と望む人もいますよね。**実は私もオシャレには無頓着なタイプです。

そこに「ファッションに興味がない人のアパレルブランド」としてユニクロが刺さりました。

既存のアパレルで考えれば、「みんなが着ている服」や「あまり個性のないデザイン」は弱点ともいえます。ところがこの**突き抜けたシンプルさが、かえって価値になったのです。**

もう一つ、東京都町田市を中心に展開する家電屋「ヤマグチ」もおもしろいケースです。いわゆる街の家電屋は、**相次ぐ大型量販店の進出で苦戦を強いられていました。**量販店ならではの品揃えや安売りは、街の家電屋にはなかなか真似ができません。そこでヤマグチは、徹底的に地域密着して、むしろ高く売るという選択をします。**いわば「街の高齢者のための家電屋さん」となり、生活支援サービスまで提供し**

て、地域の顧客をガッチリつかんだのです。

他にも、急激に店舗数を増やしている**「ちょこザップ」は、「筋トレが苦手な人のためのジム」といえます。**ジムは以前から流行っていましたが、初心者にとっては「すでに鍛えている人ばかりで入りにくい」という面もあったでしょう。本気で鍛えたい人には物足りないという弱点があるかもしれませんが、間口を広げるにはちょうどいいのが「ちょこザップ」だったのではないでしょうか。

あなたの持っている経験やスキルも、**誰のために活かすのかを考えるとアダプタビリティを発揮できる可能性があります。**

なかなか思いつかないかもしれませんが、最初は身の回りの人を思い浮かべて、小さなことから考えてみましょう。たとえばあなたが「口ベタな営業職」だったとしたら、同じような人の気持ちが人一倍わかるはずです。

もちろん、口ベタな人はあなた以外にもたくさんいるでしょう。でも口が達者な人たちの中に入れば、それがあなたの特徴であり、価値になります。

長所も短所もただの特徴の一つ

先ほどの美容ライターと同じような事例でもう一つ、ニッポン放送のアナウンサーである吉田尚記さんのストーリーも、興味深いものがあります。

吉田さんは、もともと「コミュ障」だったと自認している方です。コミュ障とは「コミュニケーション障害」の略ですが、最近はかなり普通の用語として使われていますよね。本当に「障害」があるというのではなく、一般的に他人とコミュニケーションをとるのが得意ではないことを指します。

吉田さんの場合は、アナウンサーという職業柄、コミュ障だといろいろと問題ができそうな気もしますが、彼はそこを乗り越え、コミュニケーションのスキルを自著で紹介しています。

一般的なコミュニケーション術を紹介する本は、とかくメンタル面や相手と接するときの心の持ち方などにフォーカスしがちなのですが、吉田さんが紹介するスキルは、実践的かつ理論的なものばかりなのが印象に残りました。

それは、彼が**「自分はコミュ障」であることを受け入れるところからスタートしているからではないかと思います。**

得意なことを伝える際の落とし穴は、目線が高くなってしまいがちだということです。コミュニケーション術の本を書くような人は、当然ながら人との会話が得意であるか、人と接する機会が多くて経験値の高い人たちです。自分の〝得意〟を語るときには、どうしても苦手な人の気持ちや苦手な理由などに思いが至りづらくなります。

それに対し吉田さんは、アナウンサーなのでもちろん人と話す機会は多いわけですが、**自分はコミュニケーションが苦手だということがベースにあるので、目線が低いままでいられるのではないかと思います。**

苦手だからこそ、どうやったら上手くいくのかを理論的に考え、自らの経験を踏まえて、誰にでも参考にしやすいメソッドを編み出せたのではないでしょうか。

苦手だからといって避けるのではなく（吉田さんは避けられなかった、というほうが正しいですが……）、果敢にチャレンジしたことで道が拓けたといえるでしょう。

こうしたエピソードからわかるのは、**有名なアナウンサーやプロの美容ライターのような人たちであっても、人との関係性の中で価値を提供しあっているということです。**

スポーツでも、攻撃は得意だけど守備は苦手な選手や、その逆の選手など、特徴はさまざまですよね。野球でいえば「守備が得意だけど打撃がそこそこ」の内野手と、「ガンガン打つけど守備がちょっと苦手」な内野手では、価値を発揮できるチームがまったく違います。誰もが認めるスタープレーヤーが、チームを移籍した途端に活躍しなくなってしまうこともあるわけです。結局は、誰と働くかが大事だとわかります。

野球がわからない人は、ロールプレイング・ゲーム（RPG）で考えてみてください。ドラゴンクエストやファイナルファンタジーでは、**いろんな特技を持った仲間とパーティを組んで攻略していきますよね。**力の強い戦士もいれば、仲間の補助が得意な魔法使いもいます。

私たちの仕事でも、**オールマイティになんでもできる絶対的な価値を持つ人は、ほぼ存在しません。**大谷翔平選手のような存在は特別なのです。

長所も短所も、ただの特徴です。誰と働くことで、あるいは誰のために働くことで自分の特徴が活きるのか。それを見極めていくことが自分の価値を高めていくことにつながります。

ポイント

自分の長所を話すのが苦手な人でも、弱点はやたらと目についたりするもの。
その弱点こそが価値に変わることがあるので、裏返して考えてみてください。

10

ちょっと未来の変化を洞察する

『こち亀』のように未来の価値を洞察する

『こち亀』はご存知でしょうか。正しくは『こちら葛飾区亀有公園前派出所』で、週刊少年ジャンプで連載していた秋本治さんの人気マンガですね。主人公の警官・両津勘吉が、上司や部下を巻き込んでハチャメチャなトラブルを起こす下町コメディです。

この『こち亀』、未来を予言していたマンガとして度々話題にあがります。両津は悪知恵が働くというか、妙な商才を発揮することがよくあるのですが（その後必ず大失敗します）、**銭湯をレジャー化して再建するとか、オンラインで画面を見ながら飲み会をするとか、ゲームがプロ化する、電力を自家発電して売る**といったことが何十年も前に描かれています。

これは、これから何が価値を持つかという、作者の鋭い洞察があるから描けているのだろうと思います。

未来の洞察は、変化適応力を高める大切な要素です。

たとえば、あなただったら次のようなことをどう考えるでしょうか？

・10年後のスマホはどうなっている？
・5年後、自分の仕事にＡＩはどう使える？
・3年後、音楽や映画のサブスクサービスはどうなっている？

ここ数年の間だけでも、産業構造はだいぶ変わっています。普段、何気なく使っている身の回りのモノやサービスも、気がついたら新しい機能や使い方が当たり前になっているものです。

スマホは10年後も今の形のままなのでしょうか。折りたたみ型が普通になるのか、あるいは形がなくなって仮想ディスプレイのようになるのか。もしかしたらメガネ型やコンタクト型になっているのか。

中身も、ＡＩアシスタントが進歩してスマホと普通に会話ができるようになるかもしれないし、そうなるとツールというよりパートナーのようになるかもしれません。ならば、ペットのようにオシャレをさせたり、世話をしたりする未来もあるのでしょうか？

学者や専門家ではないのですから、まるっきりの妄想で構いません。**自分の生活や仕事の周辺にある物事が、来年、再来年、3年後などにどんなふうに変化していくのか想像してみてください。**そして、その中で働くとしたら、できそうなことがないか妄想してみましょう。それこそ、**『こち亀』の両さんのように、「これが流行るんじゃないか」「これが儲かるかも」と考えるだけでも楽しいと思います。**

また、会社四季報や業界地図のような資料を眺めるだけでも、産業の大きな流れがつかめるので参考になります。あなたの働く業界は今どうなっていて、これからどんな会社が成長していきそうか、洞察する練習をしてみてください。

環境がどんどん変わっていく前提で自分の価値を測ってみることは、ときに大きくキャリアを変えます。

漫才師、番組司会者として活躍した島田紳助さんは、漫才コンビ「紳助・竜介」の解散の理由の一つとして、「ダウンタウン」の登場を挙げています。

「こんなヤツらには、自分たちはとても勝てない」といって漫才をやめ、司会者の道を選んだそうです。紳助さんはすでに芸能界を引退していますが、それまでは司会者として大成功を収めていました。

あれほどの才能を持っていたとしても、いや稀有な才能を持っていたからこそ、**冷静に将来を洞察して、自分の価値を最大限に高めるために道を変えていったということではないでしょうか。**

価値観もどんどん変わる

テクノロジーの進化だけでなく、**価値観もどんどん変化していきます。**

〝昭和のサラリーマン〟は迷いませんでしたが、令和のビジネスパーソンは生き方の選択肢が多くて、自分に合ったものを選ぶのが困難になっています。「幸せ」の定義が多様化しているといってもいいでしょう。

古くは、「女の幸せは結婚して子供を生み育てること」とされていましたが、今は結婚しなくても幸せな女性はたくさんいますし、あえて子供を作らない選択をする夫婦も珍しくありません。**一戸建てを建てるのが人生の目標でもないし、クルマを持つのがステイタスという時代でもありません。**

時代だけでなく、国によっても価値観は大きく違ってきますよね。

マナーなどは最たるものです。

音を立てながら食事をすることを、西洋ではマナー違反として特に嫌がります。日本でも、クチャクチャ音を立てて咀嚼することはみっともないとされていますが、麺類や熱い汁物をズズっとすすることは、特に問題視されません。

聞いた話によると、熱いものをすするときに音を立てるのは、一緒に空気を口に入れて冷ましているそうです。蕎麦なんかをズッとすするのも、空気を一緒に飲み込んで蕎麦の香りを立たせるためだったりして、実は合理的な食べ方なんですけど……。

日本では子供をほめるときに頭をなでたりしますが、タイではご法度です。頭部は精霊が宿る場所として神聖視されていて、子供の頭に触れたりするとトラブルにつながることもあります。

その国の習慣や歴史背景、宗教的な教えもあって、良いことと悪いことが異なってきます。

ある場面では価値のあったものも、状況が変われば無価値になってしまうこともあります。プラスだったことも、マイナスに捉えられてしまうことさえあるのです。

それは、悪いことばかりではありません。むしろ、良いことのほうが多いのではないかと思うくらいです。**あなたが持っているものを、やりようによっては価値のあるものに変えていけるからです。**

ある場所では価値のないことでも、場所を変えれば価値が認められるわけですし、昔は無価値だったことが、時を経て価値を発揮することもあるわけです。

画家のゴッホやゴーギャン、音楽家のシューベルト、作家のカフカなどは、死後に評価をされてきた人たちの代表です。

さらには、**たとえ一度失敗したことでも、時と場所を変えれば成功につながるかもしれませんし、ターゲットを変えることで受け入れられる可能性があるかもしれません。**多くの起業家も、過去に何度も会社を潰した経験をもとに、成功を収めているといいます。

ただし、この価値基準の切り替わりが、近年は特に速くなっている気がします。5年前に発刊された本を読み返してみて、「今だったら炎上しそうな表現だな」なんて感じることもありました。

状況が移り変わっていくのを敏感に察知して、私たちはそれにアジャスト（適合）していかなくてはならないのです。

ポイント

未来を洞察することは、これからどんなふうに生きていくかを考える一つのきっかけです。

難しい市場分析までいかなくとも、身近な物事の5年後、10年後を妄想してみましょう。

11

どんな過去も
あなたの価値の一部になる

人生をやり直したいという大間違い

「何歳からでも人生はやり直せる！」

こんなキャッチコピーやセリフを目にしたことがあると思います。とっても前向きで勇気が湧きますが、正しくはないと私は思います。**プロティアンの理論で正しくいうなら、「何歳からでも人生は変化させられる」です。**

あのとき、もっと真剣に大学を選んでいたら……。

まじめに就職活動をしていたら……。

あの人とお別れしなかったら……。

誰にだって、「こうしていたら」と振り返りたくなることの一つや二つはあるものです。でも過去を変えることはできませんから、いくら後悔しても仕方がありません。

そこで「人生はやり直せる」とよく言われるのですが、**過去をリセットして今から「はい！　キレイさっぱり再スタート！」というのは物理的にも心理的にも不可能だと思います。**

あまり良くないたとえですが、大犯罪を犯した人が心を入れ替えて「人生をやり直す」といわれて、納得できるでしょうか？　これも意味合いとしてはやり直すのではなくて、これから「変わる」ということではないかと思います。

人生は積み重ねです。未来が過去の続きであることからは逃れられません。

少し話が大きくなってしまったので、仕事やキャリアに目を移してみましょう。

キャリア相談でも、過去を引きずってしまっている人はたくさんいます。

「自分は営業しかしてこなかったから、他にできることがない」
「たいした実績もなく、自分よりすごい人はたくさんいる」
「小さな会社にしか勤めてこなかったので、大企業には入れない」

つい「あのときこうしていれば……」と思ってしまいそうですが、残念ながらやり直しはできません。

でも心配しないでください。**やり直しはできなくても、これから変化させることは十分に可能です。**営業しか経験がないから営業しかできない、というのは思い込みです。

私が行っているキャリア相談では、まずその人にとっての過去の意味づけを変えていきます。つまり過去の価値化です。

有名なマーケターである株式会社刀の森岡毅さんは、破綻した兵庫県の年金保養施設を再建する際に、「ないものはない」と語っています。山林や温泉以外に何も目玉がないようなロケーションだったのですが、**ないものはどうやってもない**わけです。ただ、**裏を返せば「大自然がある」のだと捉えて、価値化に成功しました。**

言葉遊びのように思えるかもしれませんが、意味づけを変えることはできるのですから、まずはそこからやってみましょう。

営業だけやってきたキャリアが〝ある〟。
自分なりにやってきた実績が〝ある〟。
小さな会社に勤めた経験が〝ある〟。

私もそうして、過去を意味づけしてきました。就職氷河期で就活がうまくいかなかった経験がある。何の実績も出せずにクビ同然になったこともある。職を転々とした経験がある。当時はすごく落ち込みましたし自信もなくしましたが、そんな過去があるからこそ、キャリアに悩む人たちと同じ目線でいられるように思います。

あれもない、これもない、ではなくて、〝ある〟と意味づけを変えてみてください。
そして〝ある〟ものを、誰との関係性の中で活かすかで、価値は変わるのです。

過去はすべてキャリアのプロセス

キャリアというと、どうしても履歴書に書ける結果だと思い込んでしまいがちですが、実際は履歴書はプロセスシートです。私は**キャリアは「永遠のβ版」だと表現しています。**つまり永久に未完成のものということです。

たとえば、かつての転職市場では、短い期間で転職をくり返した経歴はマイナスと捉えられていました。「こらえ性がない」とか「協調性がない」といった評価につながってしまう恐れがあったのですね。

しかし、裏を返せば、**数々の転職経歴は、自分に合う仕事環境を見つけるために必要なプロセスです。**１回、２回で見つかる人もいれば、５回でも６回でも経験してやっと見つけられる人もいます。１社に長く勤めた経験が〝ない〟とするのか、いくつもの職場で働いてきた経験が〝ある〟とするのか。捉え方によって意味づけは大きく変わります。

確かに半年や数か月おきに職を転々としている人がいたら、「何か問題がありそう」と思われる面はあるでしょう。客観的には、そう邪推されても仕方がありません。履歴書からは転職の意味は読み取れないのですから。

でも「半年で辞めるのがよかった」のか「最低でも3年は続けるべきだった」のか、なんていうことに正解はありません。**自分に合わない職場を半年で見切ってよかったと思うのも自由ですし、3年は続けたことでさらに学べたと思うのも自由です。**自分で意味をつけていくしかないのです。ただ、どう意味づけるにしても、無駄だったということにだけはなりません。

こういう話をすると、自分と同じような人はゴロゴロいるし、自分の過去には何の価値もないと思い込んでしまう人がいますが、そんなことはありません。

あなたとまったく同じ人生を歩んで、まったく同じことに悩んだり乗り越えたりしてきた人など、あなたの他に一人としていないのです。

今回の本を執筆するにあたって、たくさんの人に自分のストーリーを聞かせてもらいました。履歴書のようにまとめてしまうと似通ってしまうこともありますが、一人ひとりの歩んできたストーリーはまったく違うものだとわかります。

あなたもぜひ、**「朝ドラ」のように自分のストーリーを思い出してみてください。**どんなことがあって、誰と出会い、何を思って、なぜ今、働いているのか。主人公はあなたです。

「自分語り」は他人にすると嫌がられそうですが、自分で振り返るだけなら誰にも迷惑はかけません。

あなたがこれまでやってきたことをすべて肯定することが第一歩です。**今はまだ、後悔なく働いていくためのプロセスの最中にいる。**こう考えられれば、次の一歩を踏み出す勇気が出るのではないでしょうか。

「経営の神様」と呼ばれた、松下電器産業（現パナソニック株式会社）の創業者である松下幸之助は、「自分は失敗をしたことがない」と断言をしています。

「意の如く、事が運ばないことを失敗というのなら、それは今までにずいぶんあった。しかし、**私はいつも禍転じて福とするようにしているので、その意味では失敗をしたことはない**」

また、「失敗したところで止めるから失敗になる。成功するところまで続ければ成功になる」という言葉も、名言として知られていますね。

物事には失敗は付きものですから、多少の失敗であきらめるのではなく、その経験を次に活かして成功するまでやり抜け、という意味です。

実は、発明王トーマス・エジソンも、同じような言葉を残しています。

「失敗ではない。うまくいかない1万通りの方法を発見したのだ」

エジソンが電球を発明するまでに、数千種類ものフィラメントを試したといわれています。ようやく納得のいく品質が実現できたのは、日本の竹だったというのは有名な話です。

「失敗は積極的にしていきたい。なぜなら、それは成功と同じくらい貴重だからだ。失敗がなければ、何が最適なのかわからないだろう」とも語っています。

日本語では「失敗は成功のもと」、英語でも「Failure is the mother of success.(失敗は成功の母)」と、ほぼ同じようなことわざがありますから、これは人類共通の心理だといえるでしょう。

最近よく使われる言葉に「自己肯定感」というものがあります。自分自身を肯定的に評価したり満足したりする感覚、あるいは、自分自身の価値や存在意義を肯定できる感情のことです。

他人と比較するのではなく、ありのままの自分を認め、尊重し、自分自身に価値があると感じることができる心の状態を指します。自己肯定感が高いと、失敗を恐れずにいろんなことにチャレンジする意欲が湧き、他人に対しても寛容になれるといいます。そんな人のまわりには多くの人が集まり、良好な関係を築いていくことができるわけです。

「心理的成功」とは自己肯定感を上げることでもあり、自己肯定感が高まることで、心理的成功を感じやすくなるともいえます。

ポイント

あなたの歩んできた人生に意味をつけるのはあなた自身です。

履歴書の箇条書きではなく、自分が主人公のストーリーを語ってみましょう。あなた以外にそれができる人はいません。

12

「個人パーパス」は普遍の絶対価値

あなたの本当にやりたいことが見えてくる

この章で、相対的な価値と絶対的な価値について述べたのを覚えているでしょうか。

ここまで、自分を言語化する、そして相対的に価値化するための考え方を紹介してきました。そして**自分の解像度が上がっていった先に出てくるのが、あなたの絶対的な価値です。**

おさらいしておくと、絶対的な価値とは、周囲と優劣や大小を比べるものではなく、普遍のものです。世の中をよくするとか、自然環境を愛するといった、理念やビジョンのようなものだと考えてください。

近年は企業がパーパスを掲げるようになっていますが、**いわば個人パーパスがあなたの絶対的な価値です。**言い換えれば、なぜ働くのかということであり、「あなたが今の仕事をする社会的な意味」ということもできます。

たとえば、私は「人間の可能性を切り拓き、挑戦を応援する社会を創る」ために働いています。本書で繰り返し述べてきたように、「何を」する（職業）とか、「どこで」働く（職場）といったことに捉われません。こうして本を書くことも、普段の事務処理も、母校でキャリア教育に協力するのも、すべて個人パーパスへ向かっています。もちろん、うまくいかないことや大変なこともありますが、目指すものがはっきりしているので充実しています。それが私にとっての心理的成功に他なりません。

個人パーパスは、**試行錯誤して働きながら、自分の解像度が上がっていってようやく「これかも」と気がつくものだと思いますし、今後変わることもあります。**ですから今の時点ではまったくわからない人もいれば、本書を読んでおぼろげに見えてきている人もいるでしょう。

「ああ、家族が笑っていてくれたらそれでいいんだ」

「そうか、私は子育てしやすい社会になってほしいんだ」

「上司やお客様の仕事を楽にすることが、自分の喜びかもしれない」

そんな素朴なことでも全然構いません。**ポイントは少し抽象化してみることです。**

仮に広告のクリエイティブをやりたいのであれば、抽象化すると「多くの人に価値を届けたい」などになるでしょう。実はこのように考えると、自ずと「なぜ働く？」「誰と働く？」「いつまで働く？」といったことに答えていくことにもなるのです。

物語のない時代には自分なりの人生の規範が必要

ドイツの哲学者ニーチェは「神は死んだ」という有名な言葉を遺しています。私は、現代の社会人も少なからず似た状況にあるのではないかと思います。

ニーチェが生きた19世紀は、社会の近代化、科学化が進展した時代です。それまではキリスト教などの宗教的な価値観を絶対のものと信じてきたのに、科学によってそれが絶対ではないという揺らぎが起こりました。この世界や人間を神様が作ったわけではないというのは、私たちにとってはごく普通の理解です。

神という絶対的価値基準を失った当時の欧州の人たちは、生きる意味や目的をも見失ってしまいました。そのような答えのない状態はニヒリズムといわれ、**ニヒリズムを脱するには、自分なりの規範を掲げて生きるしかないのだといいます。**

さて、今の日本に照らして考えてみてください。

かつては大企業に勤めれば安心で、懸命に働けば給料は増えて幸福な人生を送れると信じられていました。ところがバブル崩壊以降の失われた20年を経て、そんな大企業信仰は色あせていきます。**大企業での終身雇用、年功序列のレール、定年、悠々自適の老後……というかつての神話が崩壊した時代を、私たちは生きているのです。**

しかも、人生１００年というのが大げさでないほど、寿命は延びました。そんな今、定年退職後に「毎日何をしていいかわからない」と悩む人がいるのは、不思議なことではありません。現役時代にがむしゃらに働いて定年後はゆっくり……というのが絶対的な物語だったのに、急に「あなたはそれでいいの？」と価値観の転換を迫られている状態です。

だからこそ今、**人生の解像度を高めて、心理的成功へ向かう考え方が、より一層求められているのだと思います。**

ニーチェの話になぞらえれば、**私たちも自分なりの規範のもとに生きていこう、**ということです。それが個人パーパスです。

大手企業でも、社員の自律的なキャリアデザインについて研修を実施するケースが増えています。会社の定めたレールに乗ることが一般的なキャリアの成功だった時代とは、大きく様変わりしてきていることがわかります。

ポイント

言語化、価値化の先に見えてくるのが、あなたの個人パーパスです。
ここまでくれば、心理的成功はきっともうあふれているはず！

第4章

行動
～自分の可能性を拡げる～

13

合理的に進めないほうがいいこともある

偶然と計画の間

「じっくり考えろ。しかし、行動するときが来たなら、考えるのをやめて、進め」
これは、フランス軍を率いて欧州を席巻した、ナポレオン・ボナパルトの言葉です。偉人の名言には、やはり人生を生き抜くエッセンスが詰まっていますね。

この本でもっとも伝えたいことが、実は「行動する」ことです。

山岡さんという女性は、大学卒業後に勤めていた会社が、阪神淡路大震災の影響で解散してしまいました。かんたんに所属先を失ってしまう不条理を感じながらも、それまで考えもしなかった人生が始まります。
山岡さんは身近に被災者がいたり、会社の同僚とも連絡がつかなかったりという状況の中で、いかに自分が無力であるかを痛感し、自分への苛立ちが募っていったそうです。そして**「人の助けになりたい」と直感的に思った結果、今までとはまったく畑違いの建設業界に飛び込みます。**

もともと文学科の出身で理系科目は得意ではなく、勉強自体が苦手だったそうですが、**環境を変えた途端に未知の自分がどんどん現れたといいます。**

「新しい仕事はすべてが学びで、新鮮さと楽しさにあふれていました。勉強の面白さにも気づいて、技術者の資格も取得しました。それまで**自分が思い込んでいたセルフイメージとのギャップに、自分で驚いたくらいです。**振り返ってみると、自分って何なのかということを、初めて意識したタイミングだったと思います」

もう一人、K田さんという女性は、5つくらいの非正規雇用の仕事を掛け持ちしていたのですが、なんとなく物足りなさを感じていたそうです。そのモヤモヤした気持ちを整理したいと考えて、心理学を学ぶために大学に入ったところ、思いがけない転機が訪れます。

きっかけは、大学でできた看護師の友人で、いろいろな身の上話をするうちに**「あなたは看護師になるといい」と力強く断言してくれたそうです。**そこから心機一転、看護学部に入って本当に総合病院の看護師になったのです。K田さんが40歳を過ぎてからのことです。

「知人の中には、私には看護師なんて向いてないと言う人もいたんです。でも当時の私は新しいことへの挑戦を求めていて、しかも自分ではできると思い込んでいました。今になって考えると、自分は挑戦が好きで、看護師という仕事はこれからもずっと社会に必要な仕事だと分析していたのかもしれません」

これらのエピソードを読んで、結局、偶然の産物じゃないのか、と思った人もいるでしょう。

そうなんです。**転機というのは往々にして不意に訪れるものなのです。**

心理学者のジョン・D・クランボルツ教授は「計画的偶発性理論」の中で、**キャリアのターニングポイントの8割は偶然によるものだった**と述べています。

では、いつやってくるかわからないターニングポイントを、じっと待っているしかないのかというと、そうではありません。**チャンスの数は、行動量に比例するのです。**

本当に何もしないで部屋にいるだけでは、何も起こらないでしょう。でも、テレビを眺めていれば何か掴む人もいるし、本を読めばそこにもヒントがあるかもしれません。外に出ればもっと情報は多いし、人に出会えばさらに思いがけない気づきがあります。

合理化より試行錯誤

ここまで言語化や価値化について伝えてきましたが、一人でできることと、そうでないことがありました。自分の頭の中で考えられることには限界があります。**他者からのフィードバックや、他者との関係性があってこそ、わかることもたくさんあるのです。**

「ヘタな考え休むに似たり」なんて言葉もあるくらいですから、考えすぎて動けなくなるくらいなら、考えなしでも行動することをおすすめします。**一人では考えつかぬところに解決策が見つかるかもしれませんし、出会った人の導きや紹介で、実際に次のアクションが展開していくこともよくあります。**

元サッカー日本代表の中田英寿さんは、ＹｏｕＴｕｂｅに公開された対談動画の中で、サッカーを辞めてから今の会社を作るまでに9年もの時間を要したと明かしていました。文字通り世界中を飛び回りながら試行錯誤を重ねて、ようやく「人生をかけてもいい」と思えることに行き着いたといいます。

非常に聡明でビジョナリーな印象のある中田さんですら、**実際に体験したり、触れたり知ったりすることを積み重ねて、やっとやりたいことに気づいたのです。**やりたいことがないと悩む多くの人は、せっかくプロセスを踏んでいるのに、途中でやめてしまったり、あと一歩のところで引き返したりしているのかもしれません。

一般的な人の例も紹介しましょう。

ある大企業で定年を迎えたO谷さんは、カメラが長年の趣味でした。再雇用期間中に『副業するならカメラマン』（小椋翔、フォレスト出版）という本を読み、著者のセミナーに参加した結果、個人で出張カメラマンの仕事を始めます。

一貫してカメラがやりたいのかと思いきや、実はその後は日本語教師の資格やキャリアコンサルタントの資格を取ったりして、自分のやりたいことを試行錯誤していき

ます。そして3年間の再雇用期間を終えた後に、ご自身の会社を立ち上げました。会社では、もともと本業だった業務改善のコンサルに加えて、カメラマンはもちろん、キャンピングカーのレンタルなども仕事にしているそうです。

地方公務員として勤めているS戸さんは、55歳のときに大学院に入学しました。ずっと関心のあったファシリテーションや体験学習について学ぶためです。修士論文を書くにあたって、ある介護事業所のスタッフを対象にワークを行い、ファシリテーターを体験したことで退職後の道が見えてきたといいます。今は、フリーランスの講師業にチャレンジすることを決めているそうです。

S戸さんは大学院生活をこう振り返っています。

「大学院の仲間には、大学教授や、薬剤師、青年海外協力隊の経験者など、いろんな人がいました。それまではまわりにいなかった人たちとの出会いは新鮮で、自分の視野も広がったと思います。**何より、このプロセスを楽しんでいた自分を思うと、試行錯誤する生き方の大切さを実感します**」

私のコミュニティには、このような人がたくさんいらっしゃいます。彼らと話していてわかるのは、**人生を後悔なく生きている人は、プロセスを大事にしているのだということ。**

最初から明確な夢や目標があるわけではなく、ちょっとしたきっかけから動き、考え、ときにはもがいたりあがいたりしながら、そのプロセスの中で「あ、これかも」という何かにたどり着くのです。

近年は、試行錯誤を嫌う風潮があります。なんでも効率よく、合理的に、さっさと答えを得たい。タイムパフォーマンスとコストパフォーマンスが大事で、ムダが大嫌い。**確かに、業務においては私もムダなく効率よく進めていきたいと思いますが、人生だけはそういきません。**

ＣｈａｔＧＰＴに「私の夢はなんですか？」と質問しても、満足のいく答えは返ってこないのです。

ポイント

あなたの人生は、効率よく正解を教えてもらえるものではありません。

結果よりも、試行錯誤というプロセスを大切にする人のほうが、答えにたどり着きやすくなります。

14

失敗を恐れて何もしないことも、失敗の一つ

行動力がない人に共通する5つの思い込み

いくら行動が大事だといっても、「さあ行動して！」と言われて、すぐ一歩を踏み出せる人は少ないでしょう。できる人は、誰に言われなくても、とっくにやっているはずです。

行動力がないというのは、当人にとってはかなり深い悩みだと思うので、少しずつストレッチするように、動ける心と体にしていきましょう。

まずは、**行動力がないと自覚している人に共通する、メンタルブロックを見ていきます。**

①いい大人だから一人で考えないといけない

自分で考えて決めないとダメ、というのは結構ありがちな思い込みです。この本で紹介した何人かの事例でもわかるとおり、**多くは人との出会いや会話を通じてなんらかのきっかけをつかんでいます。**

20年勤めた会社で今後に悩んだ笹田さんは、副業が解禁になったところですぐ友人に相談しました。子どもの教育に関わりたいと思っていたため、幼児教育に携わっている友人に「何か一緒にできない？」と話をしてみたそうです。

すると、その友人の知り合いがちょうど幼児教育の会社を立ち上げるところで、笹田さんを紹介してくれました。その結果、興味のある領域の副業を開始できたといいます。

また、かつて笹田さんが転職をしたときにも、親しい友人に自分の状況を相談する中でキャリアコンサルタントを紹介してもらったそうです。

好きなこと、興味のある分野、今までの取り組みなどを聞いてもらいながら整理したうえで、まさに「これだ」と思えることを事業にしているベンチャー企業を紹介されました。企業の状況もあり、まずは常勤アルバイトとして入社し、その後正社員になって20年以上勤めているのだそうです。

誰かに相談するときは自分の意思や意見がないといけないとか、恥ずかしいとか思ってしまいませんか？　相手が友人ならまだマシで、上司などに相談するとなると、なおさら構えてしまいますよね。

でも実際にはそんなことはなくて、**わからないとか、悩んでいることを素直に打ち明けてみると、意外とスルスルと悩みがクリアになるものです。**私がキャリア相談をするときも、私が壁役になって、まず壁打ちから始めることもザラにあります。

家族や友人に「ちょっと聞いてくれない？」といって話をしてもいいし、あえて利害関係のない人に聞いてもらってもいいでしょう。

②なるべく多くの情報を精査しないといけない

これも、非常にありがちな思い込みです。今の時代、**情報はいくらでも集められま**

すから、後悔したくないと思えば思うほど、調べることに熱中してしまいますよね。

商品一つ買うにしても、レビューを読んだり紹介動画を見たり、Xで感想を調べてみたり。そうこうしているうちに他の商品が気になったりして、結局買わない……なんてこともあります。

本書でもすでに「ジャムの法則」で、選択肢が多いほど決断できなくなることは述べましたが、もう一つこんな報告もあります。

オランダにあるラドバウド大学の心理学者ダイクスターハウスが行った実験では、**熟考したグループと短時間で決めたグループとでは、短時間グループのほうが正答率が高かったそうです。**

ここでは少し端折って紹介しますが、実験は4台の中古車から当たりの1台を選ぶものと、サッカーの試合の勝敗を当てるものと2種類で行われました。

どうして短時間しか考えられないグループのほうが、正答率が高かったのでしょうか？　それは、**時間が限られているぶん、情報に優先順位をつけて合理的に考えられたからだといいます。**中古車の細々した機能や状態をアレコレと検討するより、「結局、燃費がいいほうがいいよね」とシンプルに考えたほうがよかったわけです。

調べてばかりで行動できないことがよくある人は、**「情報が多いほどいい答えが出るとは限らない」認識を持って、少しずつ自分のクセをなくしていきましょう。**

③自分には〝特別〟な価値がない

初めて会う人に自分からアポイントを入れようとするとき、躊躇してしまうことがあります。「自分なんかが会っていいのか」「一方的に相手の時間を奪うなんて気がひける」といった心理が働くからです。**自分は会えたら嬉しいけれど、こちらからは提供できる価値がないような気がしてしまいます。**

たしかに、最近はオンラインで初めて出会って、「今度は食事でも」なんて社交辞令的に言ったとしても、実際に誘うとなるとハードルがありますよね。

これに関しては正直、会ってみないとわからないとしか言いようがありません。

私も、**今一緒にプロティアン・キャリア協会で代表理事をしている法政大学の田中研之輔先生に初めて会ったときは、一方的に名刺交換しに行って、一方的にメールをしました。**こちらは無名でなんの実績もない状態でしたから、「相手にされるわけがないけど、プロティアンに共感したからダメもとで連絡してみよう」と思い切って連絡しました。でも実際には返事をいただいて、こうして一緒に事業をやっているわけですから、結局やってみないとわからないものだなと自分でも実感があります。

今でも、何か一緒にできそうだと思ったら、著名人にもDMやメールを送ってみることはあります。先日は、ある有名俳優がキャリア支援の会社を立ち上げたという記事を見て、その方のインスタグラムに「キャリアの普及を一緒にできないか」とダメもとでメッセージを送ってみました。このときは返事がありませんでしたが（笑）、もちろん、なんのレスポンスもないことのほうが多いわけです。相手の立場や忙しさを考えたら、そんなものですよね。

これだけだとあんまり参考にならないと思うので、初対面で会うときの心構えをいくつかお伝えします。

まず、**自分には何もないと思ったとしても、「なぜ会いたいのか」を伝えることはできるはずですし、「教えてほしいことがある」というのも立派な理由です。**会えば相手の質問に何か答えられることもあるでしょうから、まずは率直に、なぜ会いたいのかを伝えてみたらいいのではないでしょうか。

それから、本書でも紹介したN村さんは、**オンラインなどで知り合った中で、会いたい人をリストにして書き溜めているそうです。**出張に行く際には、その近辺にいる人をリストから探して、「近くに行くので」とメッセージを送ってみるといいます。「誰かにそのうち」などとボンヤリ考えていても、きっと行動することはありませんから、「この人に」「このタイミングで」と決め打ちするN村さんのやり方は参考になるかもしれません。

④失敗が怖い

行動力がない人でも、行動できるものはありますよね。晩ご飯の買い出しに行ったり、コンビニでおやつを選んだりすることは、当たり前にできるはずです。なかなか行動できないのは、失敗したら取り返しがつかないことです。たとえば40代、50代になって、子どももいるのに思い切って独立できるかというと、ほとんどの人が躊躇すると思います。

失敗が怖い人に、「心配ない」「やってみないとわからない」といくら声援を送っても、おそらく無意味です。まわりの人は責任を取れませんから、むやみに勧められないし、他人の心を変えるのは相当に難しいことだと思います。

ただ、一つ考えてみてほしいのは、「何もしないことも失敗ではないのか？」ということです。

もし失敗ではないと思うのなら、何もしなくても「行動できない」と悩む必要はなくなります。

一方で、**何もしないことを失敗だと思うのなら、あなたが本当に恐れている失敗とは何なのでしょうか？**

独立して収入を失い、結局再就職するのが失敗なのか。無職になって家族とも別れるくらいまでになったら失敗なのか。それとも、何も行動せずに、「あのとき独立していたら」と後悔しながら生きるのが失敗なのか。

私は何かを判断するときに、「最悪の結果は何か？　それを受け入れる覚悟があるか」を考えます。42歳のときに、妻とまだ小さな子ども3人、それに犬一匹と暮らす中で起業を選択しました。そのときに考えたのが、「起業して失敗した場合にどうなるのか？」ということです。

経営企画で14年ほど経験がある中で、経営者として起業することは私のキャリアにとって必ずプラスになる。そして万が一失敗しても、実家の母親に頭を下げて家族で移り住むことはできるし、贅沢しなければなんとか暮らしてはいける。本当にそうなったとしても、家族となら楽しんで生きていけると信じられました。

それに、挑戦したいと思っているのに、「やらない」という選択をすることはきっと後悔するし、子どもから見てもそんな父親はかっこよくないのではないかと思えました。もっというと、「子どもたちにどう生きてもらいたいか？」を考えたときに、まず自分がそれを体現してみせられないことのほうが失敗ではないのかと思ったのです。

こうして最悪のケースを想定して、それを受け入れてみると、行動する勇気が少し出てくるかもしれません。たとえば、独立して何かあっても再就職すれば失敗じゃないと思えるのなら、コンビニでおやつを選ぶのと同じ「簡単な行動」に、ちょっとだけ近づく気がしませんか。

⑤本当にやる意味があるかわからない

「やせなくちゃ」と思うものの、結局ダイエットができないようなことはよくあります。自分は意志が弱いとか、だらしがないとガッカリしてしまいますよね。

仕事でも同じで、「この業務フローはムダが多いから改善したほうがいい」などと考えるものの、実際には仕事は回るので結局やらない、とか。

こういう場合に「自分は口ばかりで実行力がない」と評価してしまいがちですが、ちょっと待ってください。**本当は「やせる必要はない」と思っているし、「業務フローをわざわざ変えなくてもいい」と思っているのではないでしょうか？**

まわりの意見を気にしたり客観的に考えたりして「やらないと」と言ったとしても、**主観的には「本当にやる意味があるかわからない」ことは、よくあります。**

なんとなく話の流れで「夏休みは何するの？」と聞かれて「うーん、海外旅行かな」などと答えたものの、実際には行かない。これは面倒だからではなくて「別に行きたくない」からですよね。

「自分は口ばかりで行動できない」と自己評価を下げてしまうクセがある人は、まずここをはっきりさせましょう。**心からやらなくていいと思うことは、やらないでいいのではないでしょうか。**

問題は、やりたいのかどうか自分でもよくわからないときです。

これは、本書で述べてきたような自己理解が足りない証拠です。「ダイエットがしたい」の手前に「ダイエットしたほうがいいかどうかわからない」という動機の問題があります。

そうであれば**「ダイエットしようと思うんだけど、どうしたらいいかわからない」と誰かに話してみたらどうでしょうか。**それが行動する、ということで構わないと思います。

何度も言いますが、自分一人で考えることには限界があります。だから行動して、自分の解像度を上げていくのです。

ポイント

あなたの行動を制限しているのは、あなた自身の思い込みや、本心とのギャップかもしれません。

まずは心のブロックを少しずつ外してみましょう。

15

「いつかやろう」の〝いつか〟は永遠にやって来ない

働くための資本を長期積み立て式で貯める

新ＮＩＳＡなどが話題になって投資に興味を持つ人も増えていますが、「今始めても大丈夫ですか？」と心配になる人が多いようです。**投資の専門家や経験者からすると「長く堅実に運用するなら、始めどきは常に今」というのが、ほぼ共通の意見になります。**

私は投資の専門家ではないので詳細は省かせていただきますが、これは長期積み立て投資の基本的な考え方です。株の相場は、高くなったり逆に安くなったりを繰り返します。そのタイミングを正確に見計らって**「安いときに買って高いときに売る」という短期売買は、プロでもほぼ不可能だそうです。**

長期積み立て投資は、株が高いときも安いときも、決まった一定の金額分を買い続けます。株式相場は長期で見れば右肩上がりで推移していっているので収束していくため、**長い時間をかけるほど損失の危険が小さく、しかも複利の効果を得やすくなり**

ます。

少し話が逸れてしまいましたが、何が言いたいのかというと、**早くから少しずつ積み立てておくメリットは、資産形成もキャリア形成も変わらない、**ということです。

プロティアン・キャリアでは、**キャリア形成のもとになるさまざまな要素を「キャリア資本」と呼びます。**大きく分けると3つの種類があります。

・ビジネス資本

仕事をするための知識やスキル、経験のこと。

専門的な資格などから、「計画力」や「交渉力」、「課題解決力」といった汎用的な力まで含みます。また、子育て経験や過去の失敗体験、成功体験といったことも、貴重な資本です。

・社会関係資本

人とのつながりのこと。仕事の関係者だけでなく、家族や友人、趣味のコミュニティ、ＳＮＳのフォロワーなど、あらゆる人間関係が含まれます。

・経済資本

お金のこと。現金に限らず、株式や保険などの金融資産、不動産などすべてを含みます。

これらの資本がたくさんあればあるほど、働き方や生き方の選択肢は広がっていきます。つまり、より自由に生きられるということです。

どうでしょうか。いずれの資本もすぐには貯められなさそうですよね。**なるべく多く行動したほうがいいのは、たとえ小さな行動でもキャリア資本の積み立てになるからです。**実際にあなたがこれまで行動してきた結果、すでに貯まっている資本があるはずです。

キャリア資本の３つの要素

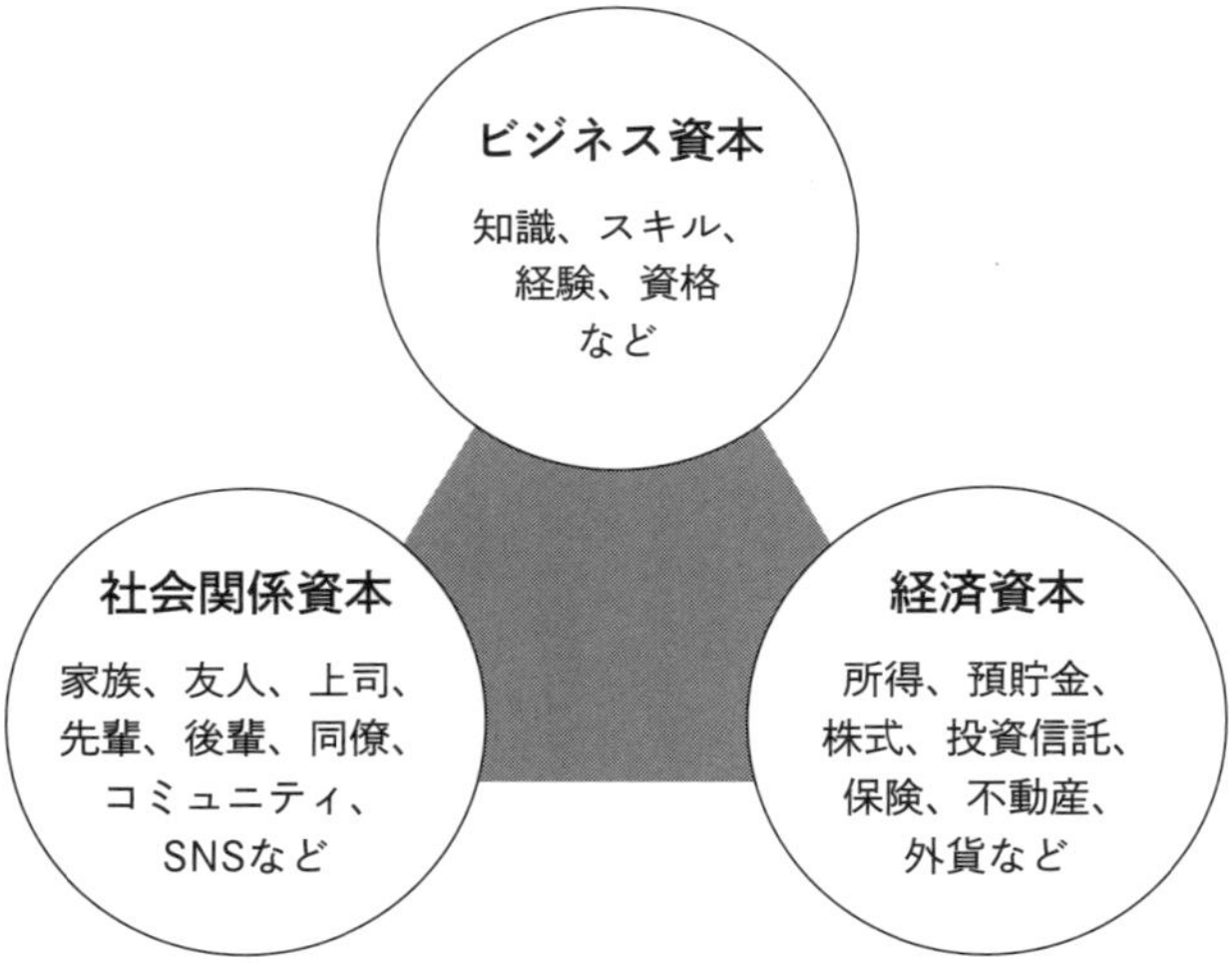

キャリア資本は時間とともに増えていく！

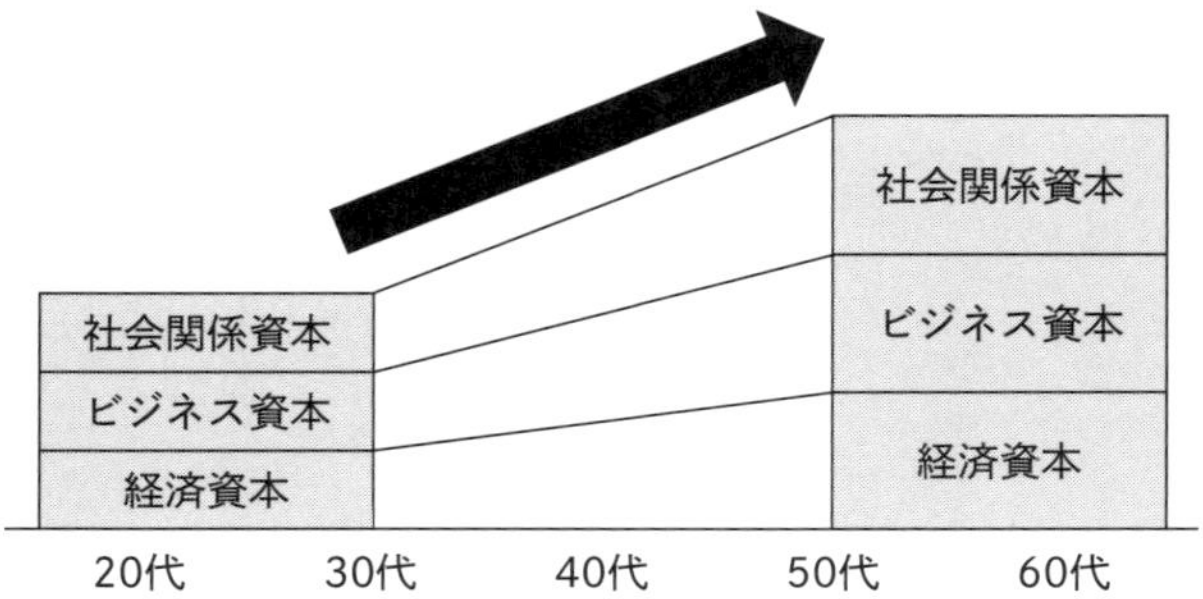

時間と体力だけは貯められない

キャリア資本は経験とともに増えていくので、意識的に積み立てていったほうがいいと思います。

一方で、確実に失われていくものもあります。なんだと思いますか？

時間と体力です。

本書で「自分定年」を設定しようという話をしましたが、**人生に限りがある事実からは誰も逃れられません。また、加齢とともに脳も体も確実に衰えていきます。**私が42歳で起業したのも、若いからこそ、50代起業よりはリスクがとれると思ったからです。

もちろん、何歳からでもキャリアは変えられます。でもそのために使える時間は確実に少なくなっているはずです。新しい仕事に挑戦するにしても、より思い切った決断が必要になりますし、短期間で覚えたり習得したりしないといけないことも多くなってしまうでしょう。体力面でも、若い頃よりは不利になってしまいます。

何歳からでもフレッシュに挑戦できる人もいますが、行動が苦手な人にとってはちょっと難しいかもしれません。

行動が苦手ならばなおさら、早くから少しずつキャリア資本を積み立てていったほうが、気持ち的にも楽だと思います。そしてビジネス資本や社会関係資本がたくさん貯まるほど、新しいことに一歩を踏み出すチャンスも増えるのです。

資産運用で「いつか儲かるチャンスが来たら始めよう」と思っていても、そんなタイミングはプロでもわかりません。**あなたが「いつかやろう」と考えているとしたら、その「いつか」は永遠にやって来ない**と思って、キャリアの地道な積み立てを今から始めましょう。

ポイント

今がいちばん若いからこそ、今行動を起こしましょう。キャリアというのは、あなたが積み立ててきた「キャリア資本」によって変わっていきます。今あなたにどれだけの資本があるか棚卸しして、これから貯めていきたい資本を考えてみてください。

16

「川下り型」で流れの力を借りる

人生を変えるのは「だいたいの方向性」と「小さなアクション」

なかなか行動できない人にとっては、まずは小さくキャリア資本を積み立てていくプロティアン・キャリアの考え方が向いていると思います。

とはいえ、**なんでもいいからとまったく無計画に行動しようとすると、ただ迷うだけでモチベーションも湧いてきません。**「だいたいこっちの方面かな」というくらいの、大まかな方向性はあったほうが動きやすいでしょう。

ここで質問です。

あなたに向いているのは、「山登り型」のキャリアと「川下り型」のキャリアのどちらでしょうか。

「山登り型」は、頂上という明確な目的地を決めて、そこへ向かって一直線に進んでいくタイプです。プロスポーツ選手などのように、幼い頃からの夢を着実に叶えていく人たちがわかりやすい例でしょう。

「川下り型」は、**ある程度の方向性だけを決めて、右へ左へと川の流れに任せながら結果的にゴールにたどり着くタイプ**です。いろんな仕事を経験してみて、40歳を過ぎてようやく今の仕事にたどり着いた私は、こちらのタイプだと思います。

さて、あなたはどちらだと思いますか？　おそらく読者の多くが「川下り型」なのではないでしょうか。

やりたいことがないと悩む人でも、大まかな方向性は決められるはずです。**「だいたいこっちかな」という程度のスタートで構いません。**

「理系と文系なら、文系かな……」と進路を決めたときと同じ感覚です。営業よりも企画とかクリエイティブかな。接客するよりバックオフィスがいいかな。金融業界よりはアパレル業界が好きかも。これまでに、ほとんどの人がザックリした方向性を決めてきたはずです。

「川下り型」の人はそこからゴールを見つけるのですから、やりたい〝こと〟探しや、〝何に〟なりたいかなどに焦る必要はありません。

大事なのは、川下りの中で、ちょっとだけ自分でオールを漕いでみること。つまり、自分でアクションを起こしてみることです。

何もしないで流れに身を任せていても、思いがけない流れの変化はあるものです。本書で紹介した人たちの中にも、震災にあったとか、役職定年を迎えたとか、会社が経営統合されたといった、**予期しない変化をきっかけに行動を起こした人がたくさんいます。**そんなときに自分なりにアクションすると、少しずつ自分の向かいたい方向がはっきりしてきます。

〝小さな〟やりたいことを無視しない

ここまで、おおまかな方向性や大きな目標を決め、そこに向かって小さなアクションを起こしていくというスタイルを紹介してきました。ここで一つ、アクションを起こせるようになるための、かんたんな練習をお伝えします。

日常生活にある〝ちょっとした〟希望や〝ささやかな〟欲望を、無視しない練習です。

思い返してみると、小さな欲求ほどすぐ忘れてしまうので、意外と実行していないことがあります。今日はアイスでも買って帰ろうかなと思っても、実際に帰る頃には忘れていたり、疲れたからビールでも飲もうと思ったのに、遅くなったから「まあ、いいか」とあきらめたり。**なんでもないようなことだからこそ忘れてしまうのですが、あえてキッチリやってみると、やろうと思ったことをやる自分に少し慣れていく気がします。やろうと思ったことをやる秘訣は、「すぐやる」ことです。**

自転車の練習でも、まずは補助輪付きから始めて、次に後ろを支えてもらって、1メートル走り、5メートル走り……とちょっとずつ慣らしていくと、いつの間にかスイスイ乗れるようになっているものです。

ビールを飲むと決めたら飲む！　アイスを買うと決めたら買う！
定時で帰るなら本当に帰る！　メールを返そうと思ったなら返す！

本当に行動が苦手な人は、「思いついたらまずやる」意識を持つことで、「やれる自分」を育ててみてはどうでしょうか。

実際にやってみれば、「意外とつまらなかった」「自分の知らない一面に気づいた」など、何かわかってくることもあるかもしれません。

道中を楽しむ人の考え方

ビジネスでも、「（タスク）ブレイクダウン」という手法が使われることがあります。
大きな仕事（タスク）を細分化（ブレイク）して小さなタスクに分け、取り組みやすくするというものです。大きな仕事を前にして何から始めたらいいかわかない、という状況を解決するのに用いられますよね。

目標達成のために小さな一歩から、という意味では「ベイビーステップ」という考え方があります。文字通り「赤ちゃんの歩み」ということですが、赤ちゃんが歩けるようになるまでの段階と同じく、少しずつ前進していけばいいということです。まずはハイハイ、次につかまり立ち、伝い歩き、そしてひとり立ち……。

赤ちゃんの成長を心待ちにしながらも、親はじっくりと待ちますよね。そして、できたら大いにほめてあげますよね。

ベイビーステップという考え方には、**小さな目標を立て、それをクリアできたときの達成感を存分に味わい、次の目標に向かうモチベーションを高める**という効果もあるわけです。

大きな何かに取り組むとき、モチベーションを維持できなくなるときが必ずやってきます。大きな目標だけしかないと、達成感を味わう機会はなかなか訪れません。

ちょっとしたことでもいいので、成し遂げられた自分をほめてあげる機会を作れれ

ば、落ちかけたモチベーションをアップさせられるのです。

これこそが「心理的成功」ということです。大きな目標に向かう道すがら、小さな取り組みにも充実感を感じることができれば、道中を楽しく過ごしていくことができるはずです。

ポイント

思い立ったら、あれこれ悩む前にまず行動に移すことを心がけてみてください。なかなか行動できない人は、できる限り目標を小さく分解し、それをクリアして「できた」という成功体験を積み重ねていきましょう。

17

やるべきことを「見える化」させる

意外な願望の見つけ方

余命宣告を受けた2人の男性が、人生でやり残したことを実行しようと旅に出る姿を描いた、映画『最高の人生の見つけ方』をご存知でしょうか。

この映画の原題は、「The Bucket List」（「ザ・バケット・リスト」）です。

バケット・リストとは、いわゆる「やりたいことリスト」です。なぜ「バケット・リスト」と呼ぶかというと、英語のスラング「kick the bucket（バケツをける）」からきています。

これは「死ぬ・くたばる」という意味になるのですが、首を吊ろうとするときに、バケツの上に乗って、それをけっ飛ばすことが由来とされています（諸説あり）。つまり、「死ぬまでにやりたいことリスト」というわけですね。

映画の主人公2人は、実際にリストを作って実行していきます。

映画が気になった人は観ていただくとして、ここで言いたいのは、**イマイチやることが見つからない場合は、まずはやりたいことを書き出してみてほしいということです。**

映画の主人公のように、**あなたのやりたいことを100個リストアップしてみましょう。**

いざやってみると、かなり難しいことがわかります。そんな場合は、「健康」「家族」「趣味」「好奇心」「場所」などと項目を作り、それに対するやりたいことを挙げていくのでもいいでしょう。

10個程度ならすんなり出てくるかもしれませんが、100個となると、なかなか埋まらないものです。しかし、100個出し切るというところがポイントなので、がんばってみてください。

なぜ無理やり挙げることが重要なのかというと、苦しくなってから出てくるものの

中にこそ、あなたが本当にやりたかったことが混じっているからです。

「大人がこんなことをやったら恥ずかしいかな」
「普通の人はこんなことをやりたいと思わないよな」
「家族が見たら幻滅するかな」

といったように、**大人になると常識や外聞というものに縛られ、自分の純粋な気持ちにフタをしてしまうことが多くなります。**

バケット・リストの最初に挙がってくるのは、こうした「常識フィルター」を通っているものです。それらが出尽くした後に**なんとかひねり出すものこそ、あなたが心の奥底で本当にやりたいと思っていること**なのです。あるいは、無意識下で気になっていることかもしれません。

そういったものと向き合うことで、本当の自分が見えてくるのです。

生きがいを発見するツールを使う

もう少し計画的にやるべきことを決めたい人には、「ikigaiチャート」がおすすめです。

「ikigaiチャート」は、その名の通りあなたの生きがいを見つけ出すためのツールです。なぜ「ikigai」というのかというと、日本語の生きがいという概念を表す言葉が海外にはないそうで、「mottainai」のように海外で話題になったものが日本に逆輸入されたからです。

使い方は簡単です。まずは①**好きなこと、**②**得意なこと、**③**求められること、**④**稼げること**の4つの分野に分けて、あなたができることや、トライしたいことを書き出します。

次に、ジャンルをまたがって重複しているものを書き出します。これも4つに分かれます。

①情熱＝好きなこと＋得意なこと
②使命＝好きなこと＋求められること
③専門＝得意なこと＋稼げること
④天職＝求められること＋稼げること

最後に、**これらがすべて重なる中心にあるのが「ikigai」**です。

ペンとノートさえあればできるので、頭で考えていても行動すべきことが思い浮かばない人は、ぜひ書いてみてください。

ポイント

実際に書き出してみることは、自己対話につながります。考えても答えが出ないときには、ここで紹介した以外のツールやメソッドを試してみてもいいでしょう。

18

失敗も価値に変える

失敗の恐怖を乗り越える３つのコツ

失敗を恐れるな！　といわれても、ミドルエイジになって抱えるものが多くなってくると、なかなかチャレンジ精神が沸き立ちません。

では、そんな恐怖心を克服するにはどうすればいいのでしょうか？

ここでは３つのコツを紹介しましょう。

1．経験を得ることをメリットと考える

何かに挑戦するときに、成功するか失敗するかという「結果」にばかり意識を向けがちです。しかし、挑戦で得られるのは、結果だけではありません。

たとえ失敗したとしても、挑戦するための下調べや準備などの過程で獲得した経験値や人脈は、あなたのキャリア資本として残っていきます。それは、行動したからこそ得られたものです。

結果だけでなく、プロセスで得られるものをメリットとして見られれば、挑戦のリスクに対する考え方も変わってくるでしょう。

2.「And思考」で考える

挑戦することで得るものと失うものを秤にのせて、両方をカバーできる手段がないか、「And思考」で考えてみましょう。

たとえば、勤めている会社をいきなり辞めて事業を起こすというのは、収入の保証がなくなってしまうわけですから、将来の成功と天秤にかけてもリスクが大きすぎるでしょう。副業としてやってみるとか、知り合いの事業を手伝ってみて見通しを立ててから、会社を辞めてもいいのかもしれません。

得られるものと失うものを書き出して、両方都合よくできないかな？ とまず考えてみるクセをつけると、案外多くの打ち手があるのです。「And思考」で考えられれば、恐れも少なくなるでしょう。

3. 自分に優しくする

物事に挑戦するとなると、覚悟と思い切りが必要になります。途中で投げ出すことは許されず、自分に厳しくして、努力と忍耐を求められると考えてしまいます。

しかし、その考えこそが、挑戦へのハードルを上げてしまっているのです。

そんなときは、自分に優しくしてあげましょう。**挑戦が嫌になったら、途中でやめてしまってもいいんです。**そこまでの行動だけでも、あなたのキャリア資本が増えているわけですから。

今回は準備が足りなかったのかもしれませんし、選んだ方法があなたに合わなかったのかもしれません。無理に続けて被害を大きくするより、体と心を健全に保てるうちに撤退し、その経験を次に活かせばいいのです。

自分に優しくすることで、何度でも立ち上がる気力を養っていきましょう。

以上、3つのコツを紹介しましたが、すべてに共通しているのは、「前向き」であることです。あなたの行動をすべて肯定して、次につなげていくことがもっとも重要です。自己肯定感は自分で上げる。自分が自分の感情をコントロールして、自分を動かす感覚を持ちましょう。

失敗した人ほど意外と強い

「ベイビーステップ」を紹介する際に、小さな成功を積み重ねてモチベーションを維持する、と説明しました。誤解のないように付け加えておきますが、ステップにおいて、必ずしも成功しなくてはならないということではありません。

エジソンや松下幸之助の言葉にあるように、**失敗は成功への試行錯誤の中で必ず訪れるものです。**小さなやりたいことをやってみて、小さな失敗で終わってもまったく問題ありません。

よくないのは、〝やらない〟ことです。

ここで、数字から、失敗を成功につなげている例を見てみましょう。

東京商工リサーチのデータベースで、倒産から別会社で再起を果たした経営者732人を抽出し、復活の動向を追ったものがあります。

倒産から再起した経営者が経営する「再起企業」と倒産歴のない一般企業を、2022年と2023年の売上高で比較してみると、再起企業でもっとも多かったのは「10%〜50%増未満の〝増収〟」で25・0%(38社)、一般企業では「10%〜50%減未満の〝減収〟」で27・1%と、売上高伸長率に大きな差がありました。再起企業のほうが、増収になっている割合が多いのです。

次に、再起企業のうち、4期連続で売上高と最終利益が比較可能な153社の業績を分析してみました。

2023年決算では、再起企業の売上高は、「1億円以上5億円未満」がもっとも多くて35・2%(54社)。次いで「10億円以上50億円未満」が24・8%(38社)、「5億円以上10億円未満」が20・9%(32社)と続きます。売上高5億円以上の企業が、約半数(50・9%)を占めています。

一般企業の売上高は、最大が「1億円未満」で44・9％（20万4854社）、「1億円以上5億円未満」が31・5％（14万3809社）と続き、売上高5億円未満の企業が、7割超（76・5％）となっています。

これらを見てみると、**倒産歴のある経営者が経営する企業は、一般企業と比べて売上規模の大きい企業が多く、増収を果たしている傾向が出ている**ことがわかります。

もちろんこれは一時的な統計ではありますが、一度会社経営に失敗した人が再起を図ると、その失敗を活かしてより大きなビジネスにつなげている傾向があることが見てとれます。

日本では、一度会社を倒産させてしまうと再起が難しい、ともいわれていますが、失敗を糧にして再起を果たしている人たちも数多くいるということです。

ポイント

失敗が怖いのはあなただけではありません。

それでも行動できる人は、単に勇気があるわけでも無鉄砲なわけでもなく、失敗が価値に変わることを知っている人です。

19

「賢い愚か者」になれ

「満足できない」はポジティブな欲求の証

アップル社の創業者であるスティーブ・ジョブスが、大学の卒業式で行った有名なスピーチをご存知でしょうか？

２００５年6月12日に行われたスタンフォード大学の卒業式の式辞の最後で、卒業生に贈る言葉として、**ジョブズは「Stay hungry. Stay foolish.」という言葉を3回くり返して伝えています。**かなり有名なものなので、知っている人も多いかもしれませんね。

実はこの言葉、ジョブズのオリジナルではありません。

アメリカで１９６８年にスチュアート・ブランドによって創刊された、『全地球カタログ（Whole Earth Catalog）』という雑誌がありました。当時のヒッピーたちにとってはバイブルのような存在で、日本のサブカルチャーにも影響を与えたといいます。

ヒッピー文化が下火になったことで定期誌としては終わりを迎えるのですが、その後に出された号の裏表紙に、「Stay hungry. Stay foolish.」という言葉が飾られていたのです。この雑誌とスティーブ・ジョブスには縁があり、彼の心の中に、このフレーズが刻まれていたのでしょう。

この言葉の含蓄はとても深く、いまだに定まった和訳がないといわれています。直訳すれば「空腹でいろ、愚かでいろ」となりますが、これでは意味がわかりません。意訳をしてみると**「ハングリーであれ、愚かであれ」となりますが、もう少し解釈をしてみれば「常に何かを求め続け、分別くさくなるな」ということではないでしょうか?**

人は満足してしまうと、成長が止まります。現状維持は後退と同じだ、ともいわれますね。また、変に頭が良いとリスクを取ることを避け、何かと言い訳を考えてチャレンジしなくなります。

本書の最初に述べた**「不満はないけど満足していない」状態は、より成長したいとか、より理想を追い求めたいというポジティブな欲求がある証拠です。**

ご存知のように、スティーブ・ジョブスは仲間とアップル社を作り、Ｍａｃｉｎｔｏｓｈ、ｉＰｏｄ、ｉＰｈｏｎｅなど、革新的なアイテムを世に送り出してきました。

しかし、一人の人間としては、けっしてほめられた人物ではなかったそうです。部下に対して無茶な要望を押し付けたり、思い通りになるまで何度でもやり直しをさせたり、いわゆる「イヤな上司」だったようです。挙げ句は、自分で作ったアップル社を追い出されたりもしました。（後に復帰する）。

それでも、**自分の理想をゆるがすことなく、その実現に向けてはまったく妥協をしなかった。**だからこそ、社会を変えるような製品を誕生させ、世界中に行き渡らせるようなことを実現できたのかもしれません。

本当に愚か者では、人生の成功は望めないでしょう。しかし、分別を忘れて行動することも、ときには必要になってくるということです。つまり、「賢い愚か者」がいいわけですね。

そのモチベーションとなるのが、現状に満足しないハングリーさだということでしょう。

ポイント

あなたが何かに満足できていないのだとしたら、ジョブズに負けないようなハングリーさを秘めているのかもしれません。

満たされないことをネガティブに捉えるのではなく、ポジティブに転換してみましょう。

20

あなたがAIに絶対に負けないこと

ＡＩにできないこととは？

デジタル技術の進歩は、私たちの生活を便利にしてくれます。

タイムマシンはまだ発明されていませんが、インターネットやスマホが普及することで、時間も空間も飛び越えることができるようになっていますよね。

最近は、ＡＩが目覚ましい進化を見せています。これまでのコンピュータとは違い、自ら学習して考えることで、より人間の脳に近い働きができるようになっています。

この先30年後にはＡＩに取って代わられる職業もある、といった記事などを目にすると、これまでＳＦの世界の話でしかなかったことが、現実味を帯びて私たちに迫ってきます。

そんな時代でも、**あなたがＡＩより確実に勝っていることは「行動」に他なりませ**

ん。

もちろん、ＡＩも今後はロボットなどと連携して、ある程度のアクションを起こしていくことができるようにはなるでしょうが、それが人間を凌駕するのはまだ先の話です。**ＡＩは、調べたり考えたりすることで人間以上のスピードと精度を発揮しますが、それを利用して行動に移すのはあなたです。**

ＡＩが追いかけてくる現代に生きる私たちがやるべきことは、「行動」なのです。

ポイント

ＡＩが進化するほど、あなたの行動の価値が高まっていきます。

そしてあなたの心理的成功が何かを決められるのも、あなただけです。

第5章

問い続けることで変化に適応する

ＡＩに仕事を奪われる人と、ＡＩで仕事を創る人

２０１５年、野村総合研究所が**「10〜20年後には日本人の職業の約49％がＡＩやロボットで代替可能」**という推計を発表しました。２０２４年現在、あなたの周りは実際にどう変わりましたか？　レベルはどうあれ、代替可能かといわれれば「まあ、代替くらいはできるかも」と感じられる仕事は増えた気がします。特に飲食店や量販店のレジなどは、すでに自動化がかなり進みました。イラストレーターや作曲家といったクリエイティブな仕事も、ここ数年で生成ＡＩにできることが急拡大しています。

この手の話題になると、メディアでは「仕事が奪われる」「失職する」というようなセンセーショナルな見出しが躍ります。たしかにＡＩによってホワイトカラーの仕事は大きく変わるでしょう。でも、働くことについて自分自身に問うことをやめなければ、どんな環境の変化にも適応することができると私は思います。

AIは作業を代替してくれますが、あなたの働く意味や意義が奪われるわけではないからです。

例えば、私のようなコンサルタントや、あるいはカウンセラーといった、人との対話や提案が中心になる仕事も、一部ではAIの導入が始まっています。簡単なカウンセリングを行えるアプリやウェブサイトも出てきました。

そうなるとコンサルタントが対面で対話や質疑を行う機会はたしかに減るのかもしれません。ただ、今の私の働く意味（パーパス）は、「人間の可能性を切り拓き、挑戦を応援する社会を創る」ことです。私の仕事が単に「面談すること」だとAIに奪われるかもしれませんが、「挑戦を応援する社会を創る」ことと意味づければ、そうとは限りません。むしろAIを活用して、人々の挑戦を応援する仕組み作りを考えることができます。今までの仕事のやり方に囚われるのではなく、**社会やテクノロジーの変化を利用して、「何のために働くのか」を考え、挑戦していくことが大事なのではないでしょうか。**

「自分はなぜ、何のために働くのか。」

それさえはっきりしていれば、**AIは仕事を奪うのではなく、あなたの仕事をより価値あるものにしてくれるツールになってくれるはずです。**反対に、自分の働く意味や目的が曖昧で「仕事を手段」としている人は、手段であるAIに仕事を奪われてしまうと脅威に感じ、思考停止になってしまうのかもしれません。

まずはAIでどんなことができるのか、あなたの仕事とどう掛け合わせることができるのか、実際に使って試してみることをおすすめします。

人工知能やロボットなどによる代替可能性が低い 100種の職業の一部抜粋

アートディレクター	ディスクジョッキー
アナウンサー	デスク
アロマセラピスト	テレビカメラマン
医療ソーシャルワーカー	テレビタレント
インテリアコーディネーター	図書編集者
映画カメラマン	内科医
映画監督	日本語教師
観光バスガイド	バーテンダー
クラシック演奏家	俳優
グラフィックデザイナー	はり師・きゅう師
ゲームクリエーター	美容師
外科医	評論家
工業デザイナー	ファッションデザイナー
コピーライター	舞台演出家
作曲家	フリーライター
雑誌編集者	プロデューサー
産婦人科医	保育士
歯科医師	放送記者
社会学研究者	放送ディレクター
小学校教員	報道カメラマン
商業カメラマン	法務教官
小児科医	マーケティング・リサーチャー
商品開発部員	マンガ家
心理学研究者	ミュージシャン
スポーツインストラクター	幼稚園教員
ソムリエ	料理研究家
大学・短期大学教員	理学療法士
中学校教員	旅行会社カウンター係
中小企業診断士	レストラン支配人

※職業名は労働政策研究・研修機構「職務構造に関する研究」に対応
出典：株式会社 野村総合研究所 「NEWS RELEASE　2015.12.2」

社会の大きな流れにアダプトしていく

本書でも「未来を洞察しよう」と伝えたとおり、社会の変化とあなたの仕事は切っても切れない関係にあります。

たとえば人口動態の変化があります。厚生労働省が発表した2023年の人口動態統計では、年間の出生数が75万8631人と過去最少。国立社会保障・人口問題研究所によると、2056年には総人口が1億人を割り込み、2070年には8700万人に減るそうです。

人口減少が経済にどう影響するかは一概にはいえません。ただ、かつての日本の経済成長は、豊富な労働力が一因だったことはたしかでしょう。今度はその逆のことが起きます。このような大きな変化の流れの中で、あなたの仕事はどう変わりそうでしょうか。

ぜひ「鳥の目（マクロ）」と「虫の目（ミクロ）」の両方で考えてみてください。

マクロで見ると、移民を多く受け入れるようにならない限り人口の減少は確定で、地方都市は人手不足に陥ります。社会保障費の増大も大きな課題です。

一方でミクロに目を向けてみると、ＡＩの導入や外国人労働者の活用がどんどん広がっている様子が、普段の生活の中でも実感できたりします。

この先数年間、あるいは10年間の変化を想像して、あなたの仕事にどんな変化が起きる可能性があるのか、パターンを考えてみてください。

「いつ、何が起こるのか」という完全な未来予知は誰にもできませんが、大きな社会の流れは実は私たち人間がほとんどを創っています。ＡＩの進化はもちろんのこと、急速に進んでいる宇宙へのアクセスや、長寿に向けた若返りの薬の開発など、未来を創りだしているのは私たち人間の営みです。

宇宙への気軽なアクセスが、いつ可能になるかはわかりません。ただ、「空を飛ぶ」という当時は考えにくかったライト兄弟の偉業も、今ではまったくの当たり前になったように、いつかは宇宙に行くことが当然のようになると思います。それどころか、地球に住めなくなったりして、他の星で暮らすとことさえ現実になるのではないでしょうか（私たちが生きている間には不可能かもしれませんが）。

また、日本では特に、地震や台風、豪雨などの災害や、年々苛烈になる酷暑も避けることができません。これら自然の脅威についても、南海トラフ地震の可能性を検知した事例があったように、予測精度は今後どんどん上がっていくでしょう。

つまり、ある程度の大きな潮流は人間が創りだしていて、予測できるのです。

働き方や生き方を考え、行動する中では、「どうなるかわからないからやらない、動かない」のではなく「こう変化していっているからこれを今やっておこう、この変化を利用してこんなことを実現しよう」と、**社会の変化に左右されずに、むしろ変化の流れに〝乗じる〟ことが大切です。**

人生のオーナーシップはあなたが握っている

「誰と働く？」という観点では、会社と個人の関係性も大きく変わってきています。新卒で入った会社で定年まで勤め上げる「就社」という感覚は、今の社会人にはほとんどないでしょう。入社してすぐ転職エージェントに登録する人も増えていると聞きます。

また、どんなに大きな会社で働いていてもM&Aなどで部門売却されたり、自身が対象の早期退職優遇制度が発表されたりして、急に労働環境が変わることも今後は増えていくでしょう。つまり、**どんな企業に勤めたとしても、変化からは逃れられないということです。**少なくとも、働く側は「変化するものだ」という前提で働くことを考える必要があります。

会社が社員の人生を保証し、社員が会社に身を捧げるといった関係性は、もはやリアリティがありません。お互いに選び、選ばれる対等な関係であるというほうが、納得感があると思います。実態としては、まだまだ会社が人を選んでいる感覚が残っているかもしれませんが、社員の可能性をより伸ばし、活かそうとしない会社には、特に「選ぶ力がある」優秀な人材は、すでに集まりにくくなっている流れは確実にあり、今後はますます進展します。

働く側にとってみれば、どこで働くかよりも、誰と働くかがより重要になるということです。

あなたはどんな社長や上司のもとで働きたいと思うでしょうか。会社の募集要項と同じように、あなたが上司に求めることを、あなたが選ぶ立場になって言語化してみてください。業務スキルが高い人、業界の経験が10年以上ある人、人的ネットワークが豊富な人、趣味が合う人、仕事を任せてくれる人……いろんな条件が出てくるはずです。自由にやらせてくれる上司がいい人もいれば、逆にある程度しっかりと管理されたほうが気が楽で働きやすいという人もいるでしょう。**要するに、誰と働けば自分**

がパフォーマンスを発揮できるか、ということです。

実際にはなかなか上司を選ぶことはできませんが、「私はこうだから、こうしてほしい」と伝えたり、上司のタイプに応じて働きかけを変える〝ボスマネジメント〟を試みることで、自ら適応できる上司のタイプを拡げていくこともできます。

一方で、企業側は、働き手に選ばれるマネジメントを提供しなければなりません。具体的には、金銭的な待遇だけでなく、成長や自己実現のための「機会提供」が重要になりますし、「働く意味」が問われる時代には、企業が社会に存在する意義（パーパス）に社員が共感できるのかも大事な要素です。

なんとなく耳障りのいいパーパスを掲げるだけではなく、掲げたパーパスを人事ポリシーに落とし込み、人事制度やカルチャー醸成なども一気通貫で変えていく必要性があります。優秀な人材に選ばれ続けるには、ブランディングから入社、退社、その後まであらゆる接点においてパーパス（またはミッション、ビジョン、バリュー）をもとに企業としての一貫性を構築することが求められています。

これからますます、誰と働くかをあなたが選ぶ時代に変化していくはずです。だからこそ、会社があなたのキャリアを作るのではなく、あなた自身がキャリアオーナーシップを握って、自分で生き方を選びとっていってください。

あなた自身も変化していく

最後に忘れてはいけないのは、あなた自身の変化です。

テクノロジーや社会情勢や企業のあり方が変化する中で、あなたも経験を積み、スキルや知識を得て、年をとり、どんどん変化していきます。

自分の変化を受け止めて、過去に経験してきたことや人的ネットワークをその時々の時代や社会に適用させていく「転換力」が、あなたを飛躍的に成長させます。

私も日頃から実感することですが、若く優秀な経営者やビジネスパーソンはどんどん出てきます。私よりもはるかにテクノロジーのリテラシーが高く、スキルも兼ね備えた人材はたくさんいるため、正直、脅威に感じることも多くあります。

もちろん、20代に比べれば、40代の私には経験があるはずですが、「ただ長くやっている」だけでは、とても太刀打ちできないし、リスペクトもされません。

本書で述べてきたように、**その経験を言語化し、社会や他人との関係性の中で価値化していくことが欠かせないのです。** あなたの今までの経験や、信用・信頼を築いてきた人たちとの関係性とは、具体的にはいったい何か、それを今後どう転換していけるかを、もっと考えていきましょう。

おわりに

ここまで本書を読んでいただき、ありがとうございました。

最後に、私がこの本に込めた想いを少しだけ書かせていただきます。


私の考え方のベースにあるプロティアン・キャリア理論は、１９７６年に米国のダグラス・Ｔホール教授が提唱したものです。それを、法政大学の田中研之輔教授が現代に合わせて深化させたのが、現代版プロティアン・キャリア理論です。

根底にあるのは、個人が自律的にキャリアを開発し周りとの関係性をより良くしながら、成長志向で環境の変化に合わせて個人も変幻自在に生きていくという思想です。

何歳からでも生き方は変えられる。人生に無駄なことは一つもない、プロセスすべてがキャリアだ。そんなメッセージに強く共感して、私はプロティアン・キャリア協会を第一人者である田中研之輔教授とともに立ち上げ今に至ります。

プロティアン・キャリアを知ったとき、旧来のキャリアの考え方がすごく窮屈なものに思えました。履歴書に書かれた職歴や肩書き、年齢で、未来のキャリアまでなんだか限定されてしまうような、硬直したイメージだったのです。

実際に「もう40過ぎだし」「この仕事しかやってこなかったし」と、過去に縛られて未来の選択肢を自ら狭めてしまう人もたくさんいました。私もそうでした。昔の社会環境だったら、事実なのかもしれません。でも今は違います。副業・プロボノ・独立・起業という働き方の多様性の拡がりや、それを後押しする国の支援施策なども充実し、企業も大きく変化してきています。想像もしていなかったような未来が、50代や60代の人も含め、どの人にも待っている可能性があるのです。

そんなふうに人生を捉えてくれる人が少しでも増え「よし！　自分の人生まだまだ、もう一つ挑戦してみよう！」と思ってもらえたら、という想いを持って、私は情報発信を続けています。

キャリア開発というと、ちょっと難しくて大変そうな印象を持つ人もいるかもしれません。でも実際には、緻密な計画を立てて、その通りに実現している人などほとんどいません。心理的成功を手にしている人たちがやっているのは、「なぜ働く？　誰と働く？　いつまで働く？」という問いを自らに向け続けることと、小さな行動です。

本書を読んでいただいたみなさんが、明日から一つでも「行動しよう」と思えるようになったとしたら、これほど嬉しいことはありません。

どうしても行動できない、する気が起きない人は、親でも親友でも大好きな芸能人や歌手でもなんでも、ぜひ自分が会ったら元気になれる人に会いにいってみてください。家族や友達に、この本で思ったことや感じたことを、ちょっとだけでも話してみたり、この本の心得に書いてあることをまず一つ実行してみたりしてください。意外と、思ってもみなかった進展や変化が起こるはずです。

「なぜ働く？　誰と働く？　いつまで働く？」
この問いに、あなただけの答えが見つかることを願っています。

有山　徹

有山 徹（ありやま・とおる）

4designs株式会社 代表取締役CEO。

一般社団法人プロティアン・キャリア協会 代表理事。

2000年に早稲田大学卒業。大手メーカーに就職後、経営コンサルティング会社を経て一部上場のIT企業、デジタル広告企業、ベンチャー企業で管理本部長や経営企画を務め、戦略策定並びに大手外資系PEファンド傘下でのIPOプロジェクト等の全社プロジェクトを推進。2019年7月に人的資本経営コンサルティング、キャリア支援事業を行う4designs株式会社を創業。2020年3月、法政大学キャリアデザイン学部 田中研之輔教授と一般社団法人プロティアン・キャリア協会を設立。設立4年で約30万人・上場企業を含む200社以上に現代版プロティアン・キャリアを伝える。プロティアンメソッドを通じた人的資本経営支援サービス「プロティアンキャリアドック」は2024年HRアワードの優秀賞受賞。社会人だけではなく中高生のキャリア教育にも取り組んでいる。早稲田大学大学院MBA/キャリアコンサルタント／中小企業診断士／ISO30414プロフェッショナル認証。著書：『新しいキャリアの見つけ方～自律の時代のプロティアン・キャリア戦略～』（2022年、アスコム）

一般社団法人
プロティアン・キャリア協会公式HP

4designs株式会社 公式HP

なぜ働く？誰と働く？いつまで働く？
限られた人生で後悔ない仕事をするための20の心得

発行日　2024年10月30日　第1刷
発行日　2024年12月11日　第3刷

著者　有山徹

本書プロジェクトチーム
編集統括　柿内尚文
編集担当　中山景
編集協力　小林謙一
カバーイラスト　金安亮
本文イラスト　ササキシンヤ
デザイン　山之口正和＋齋藤友貴（OKIKATA）
DTP　藤田ひかる（ユニオンワークス）
校正　荒井よし子

営業統括　丸山敏生
営業推進　増尾友裕、綱脇愛、桐山敦子、相澤いづみ、寺内未来子
販売促進　池田孝一郎、石井耕平、熊切絵理、菊山清佳、山口瑞穂、吉村寿美子、矢橋寛子、遠藤真知子、森田真紀、氏家和佳子
プロモーション　山田美恵

編集　小林英史、栗田亘、村上芳子、大住兼正、菊地貴広、山田吉之、大西志帆、福田麻衣、小澤由利子
メディア開発　池田剛、中村悟志、長野太介、入江翔子、志摩晃司
管理部　早坂裕子、生越こずえ、本間美咲
発行人　坂下毅

発行所　株式会社アスコム

〒105-0003
東京都港区西新橋2-23-1　3東洋海事ビル
TEL：03-5425-6625

印刷・製本　日経印刷株式会社

Printed in Japan ISBN 978-4-7762-1332-1